齋藤和紀

シンギュラリティ・ビジネス

AI時代に勝ち残る企業と人の

GS
幻冬舎新書
456

はじめに

二〇一三年頃から、第三次人工知能ブームといわれ、テレビ・新聞や街中で、「人工知能」や「ＡＩ（artificial intelligence）」の語を、毎日のように見かけるようになりました。

それとあわせて、二〇一六年の後半から、メディアなどへの登場回数が急激に増えたのが、「シンギュラリティ」という言葉です。

この言葉を世界的に有名にしたのは、ＡＩの世界的権威にして天才未来学者、レイ・カーツワイルです。カーツワイルは、「テクノロジーの進化のスピードが無限大になる」シンギュラリティが、二〇四五年に到来する、と予言しました。

カーツワイルは、シンギュラリティを「人間の能力が根底から覆り変容する」レベルの現象と称していますが、そういわれても、何のことかまったくわからない、私たちの生活にどんな影響があるのかピンとこない、というかたがほとんどかもしれません。

でも、シンギュラリティが迫っていることを、私たちの多くは、実はすでに肌で感じています。

ニュースでは、自動運転車の実験や、ドローンの活用など、最先端のテクノロジーに関する情報が、毎日、何かしら報道されます。それらのニュースを見ていると、技術が進化するスピードが、最近どんどん加速していると感じないでしょうか。

また、電話もカメラもゲームもＳＮＳもパソコンも、すべてがスマートフォン一台に入ってしまって、一体いつの間に、スマートフォンなしでは暮らせなくなってしまったのかと、あらためて驚くことはないでしょうか。ｉＰｈｏｎｅが初めて米国で発売されたのは、ほんの一〇年前のことです。

テクノロジーが進歩するスピードがこれまでと違う――これが、まさに、シンギュラリティが迫っていることの本質です。

それをより深く理解するには、テクノロジーの進化が「指数関数的」＝「エクスポネンシャル」に加速していることがもたらすインパクトの大きさを理解する必要があります。

「エクスポネンシャル」、本書のもうひとつの重要なキーワードです。

人工知能によって人間の仕事が失われる、人間に代わってロボットが闊歩する――かつてSFで描かれたような世界、得体の知れない何かがやってくることに、不安を抱いている人も多いでしょう（私は、二〇一六年に公開されて話題になった映画『シン・ゴジラ』の「シン」は、シンギュラリティのシンではないかと思いました）。

カーツワイル自身も、シンギュラリティのインパクトがどんなものになるかは「予測できない」と述べているぐらいです。

ですが、歴史を振り返れば、人類は次々と新たなテクノロジーを生み出すことで、生活を飛躍的に向上させてきました。新たなテクノロジーは、いつの時代も最初は畏怖され、不安や攻撃の対象となりましたが、肉体労働の比率の低下や、寿命の延長、貧困率の低下、乳児死亡率の低下、病気の克服など、すべてはテクノロジーによってもたらされたものであることは疑いがありません。

私は、これからも人類はテクノロジーによってこそ、明るい未来をつくっていけると確信しています。そして、人類が数千年かかって経験してきたことよりはるかに大きな変化を、これから数十年の間に体験できるかもしれない、そう思うと、とても興奮してきます。

シンギュラリティなどありえない、少なくとも二〇四五年などというごく近未来には実現不可能――そのように、シンギュラリティに対して懐疑的な研究者も少なくありません。

ですが、いまを生きる私たちにとって、シンギュラリティが本当に起こるか否かは、それほど重要ではないと私は考えます。

シンギュラリティが到来しようがしまいが、テクノロジーがそこへ向かって、エクスポネンシャルに進化していることは、まぎれもない現実です。だったら自分たちがそこにどう対応していけばよいのかを、考えるべきではないでしょうか。

そこで、本書では、「シンギュラリティ」や「エクスポネンシャル」がもたらすインパクトについて、できるだけ平易かつコンパクトに解説していきます。あわせて、このような時代に飛躍的成長をとげるビジネスとは何か、企業はどう組織を変革していくべきなのか、私たちはどんな考え方で人生やキャリアを設計していけばいいのかについても、考えていきたいと思います。

読者の皆さんが二〇四五年を先回りして決断し、行動するためのヒントをご提供できれば幸いです。

シンギュラリティ・ビジネス／目次

図版作成・DTP　美創

第一章 シンギュラリティとは何か

AIと並んで注目されるキーワード

テクノロジーの進歩は、これまでの長い歴史を通じて、私たちの生活や産業のあり方を大きく変えてきました。遠い昔に思いを馳せれば、石器や土器などのテクノロジーの登場は人類の暮らしを激変させました。

近いところでも、たとえば戦後の日本を振り返れば、耐久消費財の「三種の神器」と呼ばれた白黒テレビ・洗濯機・冷蔵庫、「3C」と呼ばれたカラーテレビ、クーラー、自動車など、それぞれの時代で人々の生活に強いインパクトを与えたテクノロジーをいくつも列挙できます。

この二〇年間だけを見ても、インターネットの普及やスマートフォンの登場によって、私たちのライフスタイルは大きく変わりました。新しい技術が、それ以前には想像もしなかったような日々をもたらしたのです。

では、次は一体どんなテクノロジーが出現するのか――。

それを考えるのは、私たちの未来そのものを考えるのとほぼ同じことです。もちろん社会の未来はテクノロジーだけに左右されるわけではありませんが、それ抜きで未来を考えることもできません。

未来を変えるテクノロジーとして、いまもっとも多くの人々が注目しているのは、おそらくＡＩ（人工知能）だろうと思います。

英国のグーグル・ディープマインド社が開発したコンピュータ囲碁プログラム「アルファ碁」が人間のプロ棋士に勝ったこともあり、この一〜二年のあいだにＡＩの発達に対する関心が急速に高まってきました。アルファ碁はインターネット上でも世界のトップ棋士を次々と撃破し、人間がもう勝てない域に達したと話題になりました。

将棋の世界でも、佐藤天彦《さとうあまひこ》名人が、ＡＩとの対戦の第一局で敗れて、大きな話題になりました。

ふだん囲碁や将棋に興味のない人でもそれが気になるのは、いずれＡＩが自分たちの日常生活にも大きな変化をもたらすと思うからでしょう。「人間の仕事の多くがＡＩやコンピュータに奪われてしまうのではないか」と心配する声もよく耳にします。

それと同時に、あるキーワードがメディアでクローズアップされるようになりました。

先進的な電機メーカーの広告にも使われるぐらい広く浸透してきたので、見聞きしたことのある人は多いと思います。

それは、「シンギュラリティ」という言葉です。

この言葉が日本国内で広まるきっかけをつくった一人は、ソフトバンクCEOの孫正《そんまさ》義《よし》氏ではないでしょうか。孫氏は、二〇一六年六月、AIの進化について熱弁をふるい、「シンギュラリティがやってくる中で、もう少しやり残したことがあるという欲が出てきた」と、シンギュラリティが社長続投の理由であったと発言したのです。

それ以来、数年前まではごく一部の人たちしか知らなかった「シンギュラリティ」という言葉が一般に注目されるようになりました。これは私たちの社会の未来を考える上で避けて通ることのできない重要な概念ですから、この言葉が広まることは歓迎すべきでしょう。

次々と的中！　天才・カーツワイルの予言

しかし私の見るかぎり、「シンギュラリティ」という言葉は必ずしも正しく理解されていません。多くの日本人が誤解しているようなので、まずはその正確な意味をお伝えするところから始めることにしましょう。

シンギュラリティは、もともと「特異点」を意味する言葉です。数学や物理学の世界でよく使われる概念なので、一般の人々が知らなくても無理はありません。

たとえば宇宙物理学の分野では、ブラックホールの中に、理論的な計算では重力の大きさが無限大になる「特異点」があると考えられ、それが重大な問題になります。数学の世界は抽象的なので「無限大」が出てきても困らないのですが、物理学は具体的で有限な存在である自然界を相手にしているので、計算で無限大が出てくるのはよろしくない。私自身は門外漢なのでよくわかりませんが、無限大の問題を解決しなければ宇宙の謎は解明できないそうです。

もちろん、孫正義氏が「見てみたい」といったシンギュラリティは、ブラックホールとはまったく関係がありません。こちらはただの特異点ではなく、正式には「技術的特異点（テクノロジカル・シンギュラリティ）」といいます。それがいまは、単に「シンギュラリティ」といえば、この技術的特異点のことを意味するようになりました。

この狭義の「シンギュラリティ」という概念が定着したのは、米国の発明家であり未来学者、AIの世界的権威であるレイ・カーツワイルが二〇〇五年に発表した著作が発端です。

著作のタイトルは『The Singularity is Near』。日本では二〇〇七年に『ポスト・ヒューマン誕生』というタイトルで、また二〇一六年にはエッセンス版が『シンギュラリティは近い』というタイトルで、いずれもNHK出版より刊行されています。

カーツワイルは天才の中の天才ともいうべき人物で、持っている博士号の数は二〇以上。これまで、オムニ・フォント式OCRソフト、フラットベッド・スキャナー、「K250」というシンセサイザー、文章音声読み上げマシーンなどの画期的な発明を次々と成し遂げてきました。いわば「現代のエジソン」のような存在です。二〇一二年からは、グーグル社でAI開発の技術責任者を務めています。過去に三人の米国大統領からホワイトハウスに招聘《しょうへい》されたほどですから、米国社会では絶大な信頼と尊敬を得ているといえるでしょう。

彼の業績は発明だけではありません。未来学者としては、チェスで人間がコンピュータに勝てなくなる時期や、外骨格ロボットが人間の行動を助けるようになる時期など、さまざまな事象がいつ起こるかを予言し、それを的中させてきました。彼のテクノロジーに関する未来予測の精度は八〇パーセントを超えるといわれています。

その中でもいちばん世界を驚かせたのは、ヒトゲノム計画が完了する時期を予言したことです。

ヒトのゲノム（遺伝情報の総体）を解析するプロジェクトは一九九〇年にスタートし、一五年間で完了する予定でした。しかし七年が過ぎても、進捗率がわずか一％。単純計算では、終わるまで七〇〇年もかかってしまうことになります。

ところがカーツワイルは、「一％できたということは、すでに半分以上できたということだ」と考え、あと数年でヒトゲノムの解析が完了すると予言しました。「一％で半分」とは奇妙な話だと思われるでしょうが、それについては後述します（これこそが、本書の中心的なテーマにほかなりません）。

ともあれ、ヒトゲノム解析はカーツワイルが予言したとおりの時期に完了しました。完成版が公開されたのは、二〇〇三年のこと。解析作業自体は二〇〇〇年に終了していました。計画のスタートから一〇年ですから、まさに七年で一％まで進んだ段階で、半分以上できていたわけです。

シンギュラリティとは「AIが人類を超える」ポイント？

ここからはカーツワイルの著作を参照しながらお話ししていきましょう。原題『The Singularity is Near』からわかるとおり、ここでもカーツワイルは「予言」をしています。

予言の中身は、「技術的特異点」と呼ばれる現象が、二〇四五年に起きるということ。これこそが、孫氏が「見たい」といったシンギュラリティにほかなりません。

では、カーツワイルは二〇四五年にどんなことが起きると予言したのでしょう。

日本では、カーツワイルの予言したシンギュラリティのことを「AIが人類の頭脳を追い越すポイント」だと理解している人が少なくありません。コンピュータ技術の専門家でも、そのように説明している人がいます。

しかし、そうだとすると、何をもって「AIが人間を抜いた」というのかよくわかりません。たとえば「アルファ碁」は二〇一六年三月に、世界最強と目されるプロ棋士のイ・セドル九段に勝ちました。囲碁という分野に限定すれば、「AIが人間を抜いた」ということもできます。

また、機械翻訳の精度もこのところ急速に向上しています。最近も、カメラを向けただけで文字をたちどころに翻訳してくれるグーグルの「リアルタイム翻訳」が登場して、広く注目されました。「アルファ碁」と違い、こちらはまだプロの翻訳家にはかなわないとはいえ、人類の平均的な翻訳能力よりは上かもしれません。これも限定的な意味では「人間を追い越した」といえるのではないでしょうか。

より一般的な意味で、AIが人間の知能と見分けがつかない能力を持っているかどうかを測る基準もあります。一九五〇年代にコンピュータ・サイエンスの基礎を築いたアラン・チューリングによって考案された「チューリング・テスト」です。機械と人間が通常の言語で会話し、人間が機械と人間を確実に区別できなければ、その機械は合格。そしてカーツワイルは、二〇二〇年代の前半にAIがこのチューリング・テストに合格すると予測しています。シンギュラリティの予測は二〇四五年ですから、それより二〇年ほど早い。ですから、「ＡＩが人間を超える」というのはかなりの確度で近い将来に起こると予測される事象であり、少なくともカーツワイルのいうシンギュラリティはそれとは別の話だということになります。

そもそも、ＡＩと人間の知能はまったく同質のものではありません。たとえば人類は「鳥のように飛びたい」という思いから飛行機をつくり出しましたが、鳥と飛行機はまったく異質です。人間の知能が鳥だとすれば、ＡＩは飛行機のようなものでしょう。もちろん、ＡＩが人間の知能をシミュレートできるようになる可能性はありますが、飛行機が鳥と同じメカニズムでは飛んでいないのと同様、人間と同じように考えているわけではありません。表面的には人間と同じように見えても、ＡＩはその裏側で人間の何十億倍もの知能を使った計算を行っています。ですから、ＡＩと人間の知能が対等な条件で競争すると考えること自体に、あまり意味がないのです。

技術が「倍々ゲーム」で進歩することのとてつもないパワー

では、カーツワイルのいうシンギュラリティとは何なのか。先ほど触れたブラックホールの「特異点」は、計算上、重力が無限大になるポイントのことでした。それと同様、こちらの「技術的特異点」も、あるものが無限大になると予測されています。

それは、技術が進歩する速度です。

ここで、ヒトゲノム計画のことを思い出していただきましょう。七年間で全体の一%しか進捗していなかったにもかかわらず、カーツワイルは「もう半分以上が終わっている」と指摘しました。それは、ゲノム解析の技術が加速度的に進歩することを信じていたからです。

たとえば自動車がずっと時速五〇キロメートルで走っていれば、進む距離は、一時間後は五〇キロ、二時間後は一〇〇キロメートルになります。しかし途中でどんどん加速すれば、一時間後、二時間後の到達距離はもっと延びます。

それと同じように、コンピュータの計算速度などの技術が一定であれば、七年間で一%しか進まなかった作業は、次の七年間でも一%しか進みません。しかし解析技術が加速度的に進歩すれば、同じ七年間でもっと「遠く」まで行けます。カーツワイルは、そのスピードが「倍々」のペースで加速すると考えました。

倍々のペースで物事が増えることの勢いは、手元にある紙を折ってみるだけで実感できます。試しに、そのへんにあるコピー用紙などを二つ折りにしてみてください。これは誰でもできますが、それをさらに二つ折りにし、また二つ折りに……とくり返した場合、何回まで折れるでしょうか。よほどの怪力の持ち主でも、八回が限界だと思います。厚さ〇・一ミリメートルの紙が、その段階で辞書並みの厚さになっているからです。

倍々ゲームの驚きを教えるエピソードは、「彦一とんち話」という民話にも出てきます。とんち好きの彦一が手柄を立て、殿様からご褒美をもらうことになりました。「何でも好きなものをやる」といわれた彦一は、将棋盤を持ち出して、こういいます。

「最初のマス目に一粒、次のマス目には倍の二粒、次はその倍の四粒……という具合に、最後のマス目まで置いた米粒をください」

殿様は、「そんな褒美でよいのか。おまえは欲がないな」といって、その申し出を承知します。たしかに、四マス目は八粒、五マス目は一六粒、六マス目は三二粒ですし、将棋盤は九×九の八一マスしかありませんから、ささやかな量としか思えません。

でも、これは大きな勘違い。一粒から始めて倍々で増やしていくと、途中から急激に米粒の数が増えていきます。最終的に将棋盤を埋め尽くす米粒の数は、なんと241785163922925834941235１粒。二五ケタもの数になってしまうのです。何粒で一トンになるのかわかりませんが、おそらく日本全国で生産される米の何十億年分にもなるのではないでしょうか。

もうひとつ、「倍々ゲーム」のすごさを感覚的に理解できる例を挙げておきます。一歩一メートルの等間隔でまっすぐに歩くと、当たり前ですが三〇歩で三〇メートル程度しか進みません。では、その歩幅が一歩ごとに二メートル、四メートル、八メートル……と倍々で長くなったとしたら、三〇歩でどれだけ進めるでしょう。驚くなかれ、三〇歩では地球を二〇周以上となるのです。月まで往復してしまう、その長さと同じなのです。

ちなみに、先ほど二つ折りにした紙ですが、こちらは五一回折ると、その厚さは地球から太陽までの距離と同じになります。「倍々ペースの増加」には、とてつもないパワーが秘められているのです。

二〇四五年、技術進歩の速度が「無限大」になる！

このような「倍々」の増え方をグラフに表すと、次の図のようになります（図表1）。横軸が時間で、縦軸が増加の度合いだと思ってください。一定のペースで増えていく右肩上がりの直線と比べて、カーブが途中から一気に急上昇し、短期間で爆発的に増えるのがわかります。

数学では、このようなグラフを描く関数を「指数関数」といいます。数式で表現すると、たとえば先ほどの「彦一の米」なら「$y=2^x$」という形。直線のグラフは「$y=ax$」ですが、指数関数はその名のとおり「指数」の大きさでyの値が決まるので、グラフが急上昇カーブを描くのです。

数学的なことはともかく、本書を読み進むにあたっては、このグラフのイメージを頭にしっかり焼きつけておいてください。

この指数関数のことを、英語では「exponential function」といいます。漢字を並べて「指数関数的」というと厳めしいので、今後はこのような上昇のことを「エクスポネンシャル」と呼ぶことにしましょう。

図表1　エクスポネンシャル（指数関数的）な進化

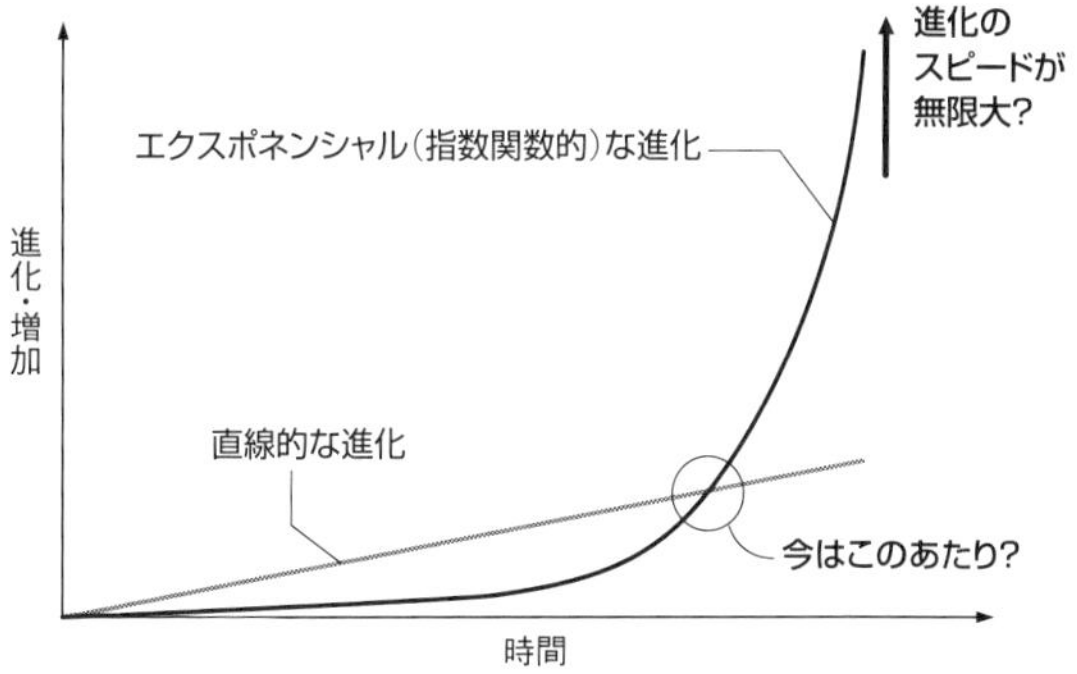

英語でもあまり覚えやすくはないかもしれませんが、これは、シンギュラリティについて考える人々が共有する重要なキーワードです。社会の未来を語る上での最重要ワードといっても過言ではないので、いまのうちに「エクスポネンシャル」という言葉と概念に馴染《なじ》んでください。

ヒトゲノム解析の技術にかぎらず、人類のテクノロジー全体が、エクスポネンシャルに進化するとカーツワイルは考えました。

たとえば、いわゆる「ムーアの法則」もその一例です。インテルの創業者のひとりであるゴードン・ムーアは、かつて「トランジスタの集積度は一八カ月ごとに倍になる」という法則を提唱しました。カーツワイルが「二〇二〇年代前半にＡＩ

がチューリング・テストに合格する」と予測したのも、このムーアの法則が現在も続いているからでした。そのペースで集積度がエクスポネンシャルに高まれば、あと一〇年前後でコンピュータが人間の脳の集積度を超えるのです。

ただし、それだけでシンギュラリティが起こるわけではありません。AIをはじめとするコンピュータ技術だけでなく、生命科学やナノテクノロジー、ロボット工学など、あらゆる分野の科学技術がエクスポネンシャルに進化した結果、それらの科学技術が、自ら、自身より優れた科学技術をつくり出すポイントが訪れます。

そのときいったい、何が起こるのか。

あらためて、指数関数のグラフを思い出してください。倍々ゲームで上昇が加速していくと、やがてその方向が横軸に対してほぼ垂直になることがわかるでしょう。それは、進化のスピードが「無限大」になるということです（厳密にいえば、このグラフが完全な垂直になることはなく、「かぎりなく無限大に近づく」ということですが）。そしてそのポイントは、それまでの進歩の継続性を断ち切るように、突然に起こります。そのポイントこそがカーツワイルのいう技術的特異点、シンギュラリティにほかなりません。

人間の能力が根底から覆る大変革

そのシンギュラリティが、二〇四五年に起こるとカーツワイルは予測しました。そういわれても、具体的に何が起こるのかわからないでしょう。

正直にいうと、それは私にもわかりません。なにしろ「テクノロジーが無限大の加速度で進化する」という、想像を絶する話です。ここ数年の技術進歩でさえ驚いている人が多いでしょうから、一瞬のうちにすべてが起こるような進歩といわれれば、ただ茫然《ぼうぜん》としてしまうのも無理はありません。それは、これまで人類が経験してきた時系列とは非連続の進化なのです。

カーツワイル自身も、シンギュラリティのインパクトがどんなものになるのかは「予測できない」と告白しています。さまざまな予測を的中させてきた天才未来学者でさえ、自分の予測した現象で何がどうなるのかは予測不能だというのですから、これはもう「誰にもわからない」というしかありません。

ただしカーツワイルは、それが「人間の能力が根底から覆り変容する」レベルの現象になると述べています。いわば、「人類が生物を超越するレベル」です。地球上の生物は四〇億年かけて進化してきましたが、シンギュラリティによって、その進化がこれまでの時系列から解き放たれ、無限に増殖を始める。人間のつくり出した科学技術が、人間の手を離れて自らより優れた科学技術をつくり出すようになる——。

いずれにしろ、シンギュラリティの説明は抽象的なものにならざるを得ません。あえて具体的にその様子を描いたフィクション作品を挙げるなら、ジョニー・デップ主演の映画『トランセンデンス』がそうでしょうか。

この映画では、AIの開発をしていた科学者が、反テクノロジーを主張する過激派グループに銃撃されて命を落とすものの、その妻が夫の脳の全データをAIにアップロードします。彼の意識はその中で生き続けるのみならず、まるで全能の神のようなレベルにまで一気に進化していく。まさにエクスポネンシャルな進化を描いた作品でした。

ちなみに、カーツワイルのシンギュラリティが予測どおりに起きるだろうと考える人たちのことを「シンギュラリタリアン」といいます。私はもちろんそうですし、それを「見たい」という孫正義氏も代表的なシンギュラリタリアンのひとりといえるでしょう。

世界を見渡せば、政治や経済の中枢にはすでに大勢のシンギュラリタリアンがいます。この予測を抜きに未来のことは考えられないのですから、社会の高いポジションで仕事をする人々がこの問題に無関心でいられるはずがありません。

生命は四〇億年前から「収穫加速の法則」で進化してきた

その一方で、カーツワイルの予測を懐疑的に見る人々もいます。とくにAIに精通した人ほど、その難しさを日常的に肌で感じているせいなのか、「そんなにうまくいくはずがない」と考える傾向が強いようです。

そもそも、シンギュラリティという現象自体がどのようなものなのかを、カーツワイル自身も「予測できない」としているぐらいですから、そんな事態が本当に起こるのかどうか疑いたくなるのも、当然といえば当然でしょう。

しかし、この時代に生きる私たちにとって大事なのは、シンギュラリティが起こるか否かではないと私は思います。

進化スピードが無限大になる特異点が実現するかどうかはともかく、そこへ向かってテクノロジーがエクスポネンシャルに発展していくことは間違いありません。そういう時代の変化に自分たちがいかに対応していくかを考えるべきです。

シンギュラリティによって人類がどうなるのかわからないのは不安なので、「そんなものは起こしてはいけない」と思う人もいるでしょう。シンギュラリティの到来を避けるために、いまからテクノロジーの進歩にブレーキをかけるべきだ、というわけです。でも、これは現実的な考え方ではありません。全人類が示し合わせて一斉にブレーキを踏めば止まるでしょうが、それはほぼ不可能です。

世界がひとつの国家に統合されて、強大な権力によって法的に禁止でもしないかぎり、誰かが必ず科学技術を進歩させ続けるはずです。あまり良いたとえではないかもしれませんが、みんなが「戦争はやめるべきだ」と思っていても、軍備増強の流れが止まらないのと同じことではないでしょうか。

それに、エクスポネンシャルな進化は私たち人間の主体的な意思の産物というより、自然法則にしたがって起きると考えたほうがいいでしょう。

カーツワイルは、エクスポネンシャルな進化の根底に、人間とそれに続くテクノロジ

図表2　シンギュラリティへのカウントダウン

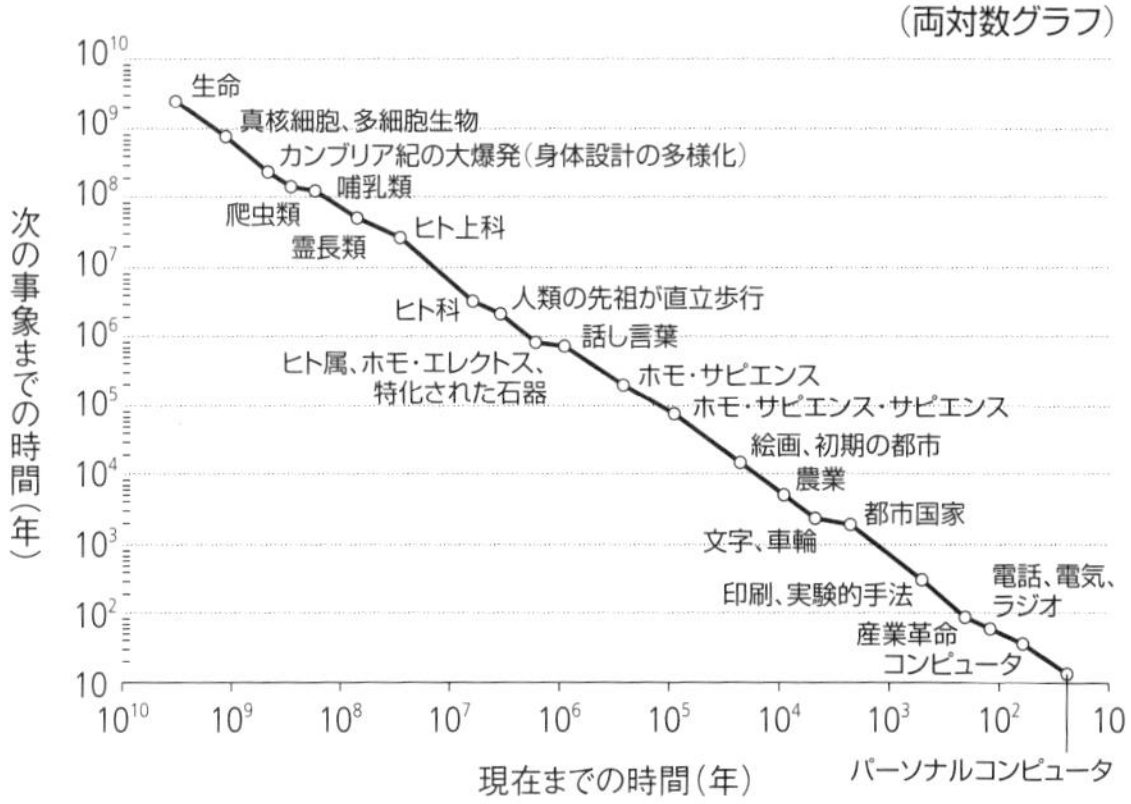

出典：『シンギュラリティは近い』p25

ーにおいて進化の速度は本質的に加速していくという、「収穫加速の法則」があると考えました。ひとつの重要な発明がほかの発明と結びつくことによって、次の重要な発明が生まれるまでの期間が短縮されるという法則です。

　これが当てはまるのは、人類のテクノロジーだけではありません。カーツワイルによれば、そもそも生命進化のプロセスも、この法則にしたがって加速してきました。人類のテクノロジー史は、四〇億年におよぶ生命進化の歴史とつながっています。

　ここで、カーツワイルが『シンギュラリティは近い』の中で示した「シンギュラリティへのカウントダウン」というグラフを見てみましょう（図表2）。ご覧のとおり、カウントダウンは地球上に生命が登場したところから始まっています。

ちなみに、これは縦軸も横軸も対数目盛りなので一直線のグラフになっていますが、対数グラフが直線になるということは、その加速度が一定（常に倍々に増える）であることを意味しています。したがってふつうのグラフにした場合は、全体が先ほど見たようなエクスポネンシャルなカーブを描くことになります。

四〇億年前に誕生した生命は進化をくり返して人類の祖先となり、それが私たちホモ・サピエンスに進化しました。ある進化がほかの進化と結びつくことで、進化のペースがどんどん速くなったのでしょう。単細胞生物が多細胞生物になるまでには長い時間がかかりましたが、いったん多細胞生物ができると、短期間のうちに「カンブリア紀の大爆発」と呼ばれる身体設計の多様化が起きています。

ホモ・サピエンスの技術も、そんな「収穫加速の法則」に基づいて進化しました。石器を使うようになるまでは長くかかりましたが、そこから農業革命が起こり、文字が発明され、紙や印刷技術が生まれ……といった進化は倍々のペースで起きています。これを止めることはできません。

二〇二〇年代には「プレ・シンギュラリティ」が訪れる

また、二〇四五年と予測されるシンギュラリティが起こるかどうかはともかく、二〇二〇年代にコンピュータの集積度が人間の脳を超えることはほぼ間違いないであろうと予見されています。日本のスーパーコンピュータ開発の第一人者である齊藤元章《さいとうもとあき》氏は、『エクサスケールの衝撃』（PHP研究所）という著書の中で、そのポイントのことを「プレ・シンギュラリティ（前特異点）」と呼んでいます。

齊藤氏はその本の中で、これから約一〇年のうちに、六リットル程度の箱の中に地球の人類七〇億人の脳の総量と同じだけの性能を持つコンピュータを収められると予測しました。カーツワイルの予測では、二〇三〇年代には人類の脳の総量の一〇億倍ものコンピュータ性能が毎年生み出されます。

二〇四五年のシンギュラリティを待たずとも、確実に起こるであろうこのプレ・シンギュラリティは人類のあり方を大きく変えることになるでしょう。その意味では、シン

図表3　コンピュータの性能のエクスポネンシャルな進化

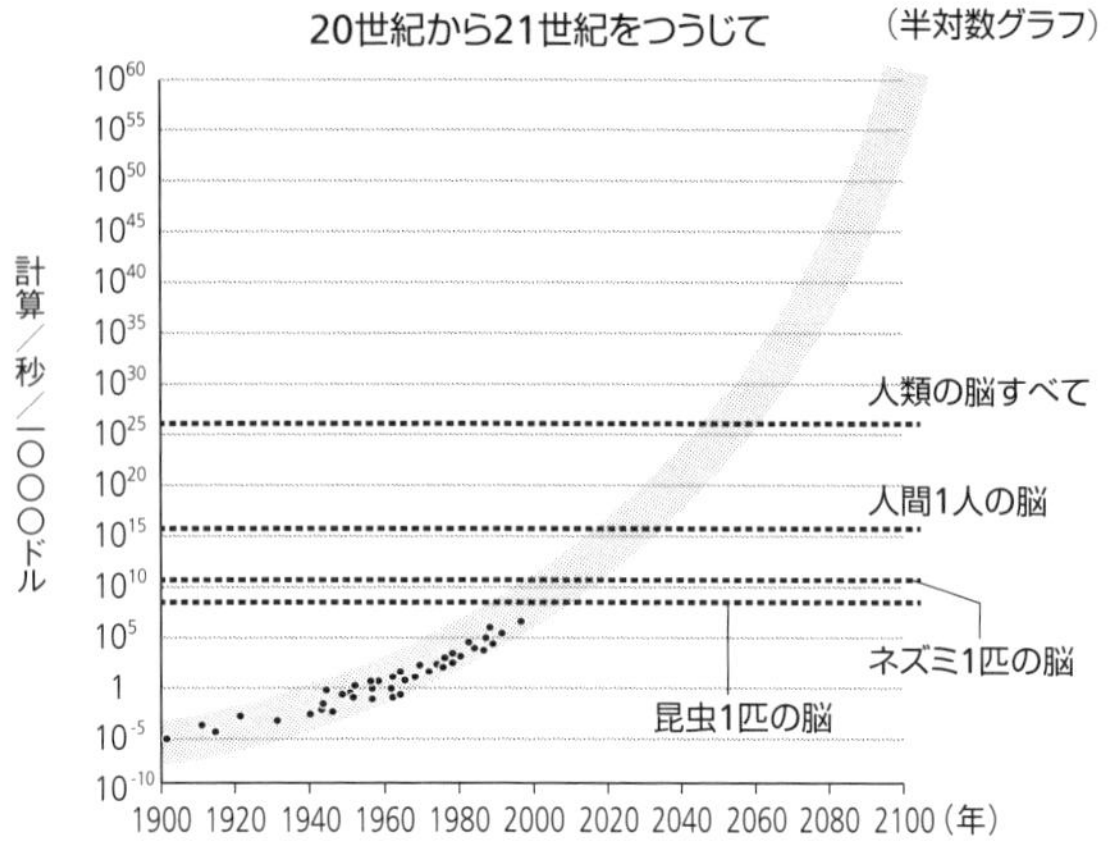

出典：『シンギュラリティは近い』p65

ギュラリティを「AIが人間の知能を超えるポイント」とする解釈も、そう大きく間違っているわけではありません。齊藤氏も、これから一〇〜二〇年のうちに、過去の人類が何千年ものあいだに経験したよりも多くの歴史的変革が起きると語っています。

　しかも、コンピュータの進化はエクスポネンシャルな技術進化の一部にすぎません。収穫加速の法則によって、それがさまざまなテクノロジーと結びつきながら進化していきます。カーツワイルのいうとおり、シンギュラリティが「人間の能力が根底から覆り変容」し、「人類が生物を超越する」ようなレベルの大事件だとすれば、いま地球上で生きている私たちはもしかしたら「最後の現生人類」になるのかもしれません。いささか飛躍した話ではありますが、そんなふうに思うと、私はこれから起こる変化に胸が躍るような気分になります。人類史上、こんなにエキサイティングな面白い時代はありません。

もちろん、そのような激変に不安を抱く人も多いでしょう。

私の中にも、それがまったくないといったら嘘《うそ》になります。企業でビジネスに取り組んでいる人、これから進路を決めようとしている若い世代、子供の教育に頭を悩ませている親世代など、どんな立場であっても、未来のあり方によって現在の生き方や物事の考え方は変わってきます。

プレ・シンギュラリティまで、あと十数年。本格的なシンギュラリティまでは、あと約三〇年。人類史に前例のない加速度で起こるこの激変期に、私たちは何をどのように考え、どのように変えていけばよいのか。私は本書を通じて、そのための指針を示していきたいと思っています。

第二章

爆発的進化で起きる、六つのD

私たちの生活を劇的に変える「G・N・R」革命とは?

前章でお話ししたとおり、カーツワイルのいうシンギュラリティや、その原動力ともいえるエクスポネンシャルなテクノロジーの進化は、コンピュータやAIだけの問題ではありません。

カーツワイルは、これから人類の進化にもっとも大きな影響をもたらし、私たちの生活を劇的に変えるものとして、次の三つの「革命」を挙げました。それを見れば、いま注目されているAIが大変革の一部にすぎないことがよくわかると思います。

カーツワイルが挙げたのは、ジェネティクス革命、ナノテクノロジー革命、そしてロボティクス革命の三つ。それぞれの頭文字をとって「G・N・R」と総称されています。それがどのようなものかを順に見ていきましょう。

まず「G」のジェネティクス革命。遺伝学です。

一九七五年に米国カリフォルニア州のアシロマで行われた会議で、遺伝子組み換えのガイドラインなどの倫理的問題が話し合われて以降、遺伝学は著しい進歩を遂げてきました。二〇〇三年にはヒトゲノム計画も完了。iPS細胞や3Dバイオプリンティングなどをはじめとする目覚ましい成果も上がっています。

では、これからどのような「ジェネティクス革命」が起きるのか。カーツワイルは『ポスト・ヒューマン誕生』の中で次のように述べました。

われわれは生命の基盤となっている情報プロセスを理解して人類の生命活動プログラムを作り直し、事実上全ての病を撲滅し、人間の可能性を飛躍的に広げ、寿命を劇的に伸ばそうとしているのだ。

遺伝学や生命科学にはクリアすべき倫理的な問題もありますが、技術自体の進歩は確実に進むでしょう。いまはまだがんを克服することもできていませんが、カーツワイルは「次の一〇年で、ほとんどの病気が治療可能になり、老化は速度を落とせるか逆行させられるようになる」といいます。この革命ひとつだけを見ても、私たちの人間観が大きく変わることは間違いありません。

3Dプリンターの究極の形「原子プリンター」

次に、「N」のナノテクノロジー革命。「ナノ」は一〇億分の一の単位を表す接頭語ですから、「ナノメートル」は一〇億分の一メートルということになります。

分子・原子のレベルで物質を扱うナノテクノロジーは、一九八一年に、原子レベルの構造を観察する走査型トンネル顕微鏡という実験装置が発明されたところから、産業として本格化しました。いまや日焼け止め、洋服、ペンキ、車など、ナノテクノロジーから生み出された製品を私たちは日常的に使っています。

現時点では、スマートコンタクトレンズ、3Dプリンター用小型電池、がん細胞を殺すナノ粒子、DNAベースのコンピューティングといった画期的な研究が進行中ですが、この分野でいずれ大きな革命を起こす可能性が高いのは、何といっても「原子プリンター」。原子を素材として使う3Dプリンターです。

3Dプリンターは、それ自体がじつに大きな影響力を持つ画期的な発明でした。「プリンター」と聞いて、単なるオフィス機器のようなイメージを持っている人もいるかもしれませんが、これは製造業のあり方を激変させるだけの可能性を秘めています。

たとえば米国では、すでに自動車のタイヤ以外の部分をすべて3Dプリンターでプロトタイプを製作する試みが多数行われています。いずれは住宅やビルなどの建築物も3Dプリンターでつくれるようになるでしょう。カーツワイルと共に「シンギュラリティ大学」を創立したピーター・ディアマンディスは、「今後五年間ですべての製造業が3Dプリンターに置き換わるだろう」とまで予測しています（シンギュラリティ大学については第六章で詳述します）。

その3Dプリンターの究極の形が、原子プリンターにほかなりません。現在の3Dプリンターは金属やプラスチックなどの素材を立体的に成型してくれますが、ナノテクノロジーを駆使した原子プリンターは必要な原子を揃えれば、その場であらゆる素材に仕立てて物をつくることができます。鉄だろうがプラスチックだろうがゴムだろうが、すべての物質はバラバラにすれば原子に還元されるのですから、当然でしょう。さまざまな素材を組み合わせた製品が、原子プリンターで丸ごとつくれるわけです。「プリンター」というより、それ自体がひとつの工場のようなものなのです。

「ナローAI」から「ストロングAI」へ

最後に、「R」のロボティクス革命。「G」や「N」と比べるとあまり耳慣れない言葉ですが、ロボティクスの最終的な目標は「人間より優れたロボットをつくる」ことだと考えていいでしょう。当然、そこにはAIが含まれます。カーツワイルも、ロボティクス革命ではAIがもっとも重要な要素になるとして、著書『ポスト・ヒューマン誕生』の中で、哲学者ニック・ボストロムの次のような言葉を紹介しています。

超知能に解決できない、あるいは解決の一助となれない問題などあるだろうか。疾病、貧困、環境破壊、ありとあらゆる不要な苦しみ——進化したナノテクノロジーを装備した超知能はそういった問題を解決するだろう。

ここでは「N＝ナノテクノロジー」との連携に言及していますが、「G＝ジェネティクス」と組み合わされれば、たとえばロボットのボディをiPS細胞などを利用してつくることも可能になるかもしれません。そうやって三つの「革命」が混ざり合い、お互いの進化を加速させる。そこにはまさに「収穫加速の法則」が働いています。それによって多様な進化を同時多発的に起こし、私たちの生活を劇的に変えながら、テクノロジー全体がシンギュラリティに向かっていくわけです。

その中でもＡＩが果たす役割はきわめて大きいといえます。知性の点で人間のレベルに追いついたとき、ＡＩは機械ならではの特徴によって、次の点で人間を凌駕《りょうが》することになるとカーツワイルは指摘しています。

・機械は人間には到底真似のできない方法で情報を蓄積することが可能
・機械は完璧に記憶を保存することが可能
・機械は絶え間なく最高かつ最新のレベルを維持し続けることが可能

もちろん、現時点ではまだＡＩが人間に追いついたとはいえません。音声・画像認識ソフトや金融取引の不正行為検出プログラム、グーグルの検索ランキング統計学習メソッドなど、いま私たちの周囲にあるのは、特定の仕事をこなすためだけにプログラミングされたもので、これを「ナローAI」といいます。

これは、AI時代へのほんの「入口」にすぎないといっていいでしょう。その先に登場するであろう「ストロングAI」は、人間と同じくらい臨機応変に問題解決を行い、先述したような人間を凌駕する能力を併せ持ちます。

人間にプログラミングされるナローAIがストロングAIに進化するには、AIが自分自身で学習する機械にならなければいけません。その機械学習の新しい領域のひとつが、AI関係の報道などでよく見聞きする「ディープラーニング」です。

このディープラーニングの研究が進み、応用もされるようになった結果、プロ棋士に勝つ「アルファ碁」のようなAIも誕生しました。いよいよ、AIを含むロボティクス革命が急加速を始めたと見ていいでしょう。その「R」と「G」「N」がからみ合いながら、シンギュラリティに向けてエクスポネンシャルな発展をしてゆく。私たち人類の歴史は、そんな革命の「前夜」を迎えているのです。

「エクスポネンシャルな進化」は夢物語でなく現実

「そんな革命が本当に起きるのだろうか？」――カーツワイルの「G・N・R」の話を読みながら、眉に唾をつけた人も少なくないでしょう。

遠い未来の話ならともかく、プレ・シンギュラリティは十数年後、シンギュラリティは三〇年後と予測されています。いま生きている人類の大多数が目撃できるであろう近未来に、ほとんどの病気が治療可能になり、原子プリンターがあらゆる製品を生産し、AIが人間のように問題解決をするところまでテクノロジーが進化するといわれても、にわかには信じられないだろうと思います。

しかしそれは、私たちが物事の進化をリニア（直線的）にイメージする習慣を持っているからです。直感的に、これまで経験したのと同じペースで物事が進んでいくと思ってしまう、これは効率よく食糧を得るため、効率よく子孫を残すために、進化の過程で人類が身につけた能力ともいえます。前章で見たグラフのうち、直線で右肩上がりに伸びていくほうがそれです。

これは、エクスポネンシャルなカーブとは一致しません。直線的な進化が穏やかな成長であるのに対して、エクスポネンシャルなカーブは途中から破壊的ともいえる急激な成長になります。

前章でも述べたとおり、地球の生命も、人類も、人類のテクノロジーも、すべてエクスポネンシャルに進化を遂げてきました。カーツワイルの予測を「夢物語」のように感じた人もいるでしょうが、じつは直線的な進化のほうが人間の抱きやすい「幻想」なのであって、エクスポネンシャルな進化のほうが「現実」なのです。

そこで、エクスポネンシャルな進化がどのようなものかを理解するための「6D」というフレームワークを紹介することにしましょう。これは、先ほども名前の出たピーター・ディアマンディスが提唱したものです。

シンギュラリティ大学の創設者のひとりであるディアマンディスは、「Xプライズ財団」の主催者としても知られています。

Xプライズとは、人類に利益をもたらす破壊的なイノベーションを民間から起こすことを目的として設立された賞金コンテストのこと。歴史を振り返れば、このような賞金レースが新しい技術の誕生を促したことはたくさんありました。

たとえば缶詰がそうです。ナポレオンは遠征する軍隊に腐らない食糧を提供する方法を求めて賞金レースを実施し、フランスの食品加工業者が応募したアイデアが採用されました。また、リンドバーグの大西洋横断無着陸飛行も、賞金レースの結果です。リンドバーグは、「フライング・フール」と呼ばれ賞金レースに参加した中でも無謀な若者だと思われていました。

Xプライズは、そういう民間のパワーを引き出すために設立されました。たとえば過去の宇宙開発はすべて国家の主導で行われていましたが、Xプライズは民間による最初の有人弾道宇宙飛行を競うコンテストを提案し、成功したスペースシップワンという企業に一〇億円もの賞金を与えています。

スペースシップワンは、有人宇宙飛行を達成した直後にヴァージングループの総帥リチャード・ブランソンと契約を結んだといわれています。そこで設立されたヴァージン・ギャラクティック社は、世界初の民間宇宙ツアー実現に向けて動いているのです。

また、この成功によって民間でのイノベーション全体が大きく前進しました。いまや、NASA（米国航空宇宙局）は自分たちでロケットの打ち上げを行っていません。その部分に関しては民間に委託するようになったのです。

すべての技術進歩の始まり「デジタル化」

さて、そんなXプライズの主催者であるディアマンディスが提唱する「エクスポネンシャルの6D」とはどんなものでしょうか。

ディアマンディスは、物事がエクスポネンシャルに成長するとき、その多くのケースで「D」の頭文字を持つ次の六つの事象が連鎖反応的に起こるといいます。

1 デジタル化（Digitalization）
2 潜行（Deception）
3 破壊（Disruption）
4 非収益化（Demonetization）
5 非物質化（Dematerialization）
6 大衆化（Democratization）

一番目の「デジタル化」から順に説明していきましょう。デジタルと聞くと即座にコ

図表4　エクスポネンシャルな成長で起きる6つのD

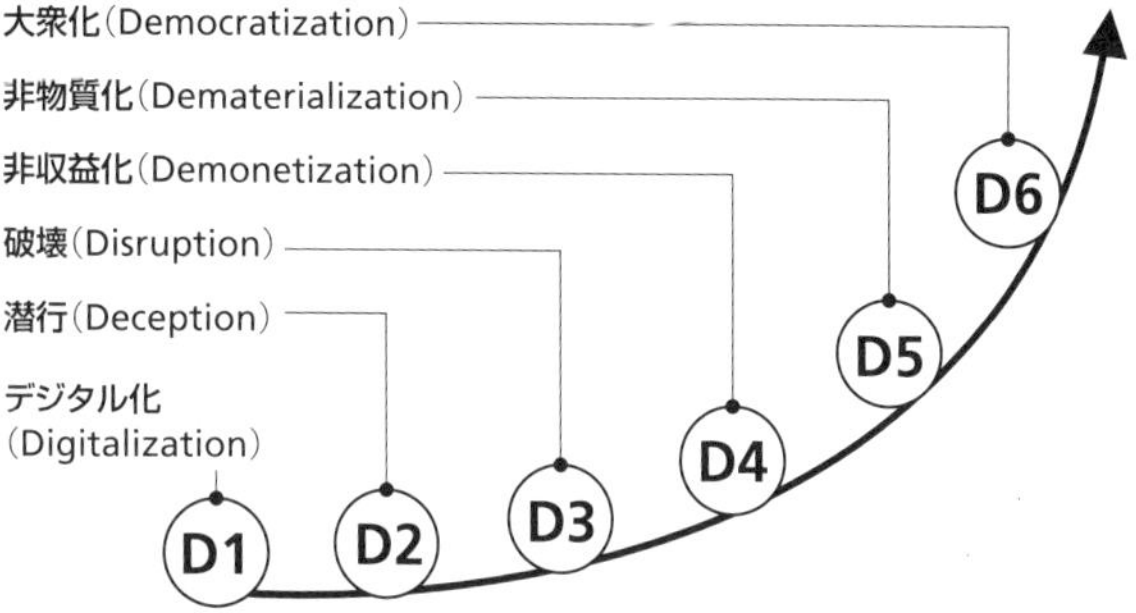

ンピュータを利用した技術を思い浮かべますが、必ずしもそれだけではありません。連続した量のことを指す「アナログ」の対立概念が「デジタル」ですから、量を離散的に数えることができるようになるのが「デジタル化」の本質です。したがって、すべてを「0」と「1」で計算するコンピュータの二進法だけが「デジタル」というわけではありません。そろばんを使う計算も、アナログではなくデジタルです。

だとすれば、コンピュータ時代を迎える前から、デジタル化がテクノロジー進化の第一歩になってきたことは容易に想像がつきます。連続的でとらえどころのないアナログな物事を、きちんと数えられる「データ」として扱えるようになれば、科学的に研究を進めることもできます。たとえば大昔の権力者たちが取り組んだ「暦」の作成なども、ある意味で、アナログな自然現象をデジタル化したのだといえるかもしれません。

デジタル化によってイノベーションがスタートした例としてわかりやすいのは、「写真」でしょう。フィルムで撮影して現像し、紙焼きで保存されていた写真は、あるときからデジタルデータとなりました。フィルムや紙という物質的な制約から解き放たれたわけです。そこからエクスポネンシャルな進化を遂げる過程では、デジタル写真の成長を見抜けなかったコダック社が倒産するという象徴的な事態も起きています。

見えないところで「潜行」、そして突然の「破壊」

しかし、写真がデジタル化した当初、それが主流になると考えた人はあまり多くはなかったでしょう。市場に出回り始めたデジカメを見て、「こんなものでは本格的な写真は撮れない」「オモチャみたいなものだ」と思い、むしろアナログ写真のすばらしさをあらためて認識した人たちも大勢いたはずです。そもそもデジタルカメラを最初に開発したコダック社の経営陣が、それをオモチャとしか見ていませんでした。

デジタル化が起きた段階では、あまり大きなインパクトが生じない——これはエクスポネンシャルな進化の大きな特徴といえます。指数関数のグラフは、初期段階ではほとんど上昇しません。しばらくは、ほぼ横軸と平行に近い形で推移します。直線的な成長をイメージする人にとっては、期待を下回るレベルにしかならないのです。

これが、「6D」の二番目に起こる「潜行」にほかなりません。私は直線的な成長予想を下回るという意味を込めて「潜行」と表現していますが、英語の「Deception」は「欺瞞《ぎまん》」「詐欺」が本来の意味です。デジタル化によって派手なイノベーションが起きると思っていた人々が、詐欺師に騙《だま》されたような気分になる。「裏切られた」という感覚にも近いかもしれません。

エクスポネンシャルな成長は、当初は誰も気づかないほど小さなレベルで進行します。デジタルカメラの画素数でいえば、〇・〇一メガピクセルを倍にしても〇・〇二メガピクセルにしかなりません。比では二倍でも、差はわずか〇・〇一メガピクセル。さらに倍々で進化しても、〇・〇四、〇・〇八とケタが変わらないので、誤差の範囲のようにしか感じられないでしょう。

前に紹介した「彦一とんち話」で、殿様が「おまえには欲がない」と思ったのも、一粒の米が二粒、四粒、八粒と少しずつ増えるレベルしか考えなかったからです。人間には物事の成長を直線的にイメージしてしまう癖があるので、「潜行」に騙されてしまう。いまなら、もしかすると電子書籍等がその段階にあるのかもしれません。初期のデジカメと同様、「やはり本は紙にかぎる」と思っている人は多いのではないでしょうか。

しかしエクスポネンシャルな進化は、やがて次の段階を迎えます。当初は横軸と平行に推移していたグラフが徐々に上向きになり、あるポイントで直線的な成長予想を突破する。最初は「大したことないじゃないか」と失望していた人々が、「これは思っていたよりもすごい」と気づく瞬間です。

ディアマンディスはこの段階を「破壊」と呼びました。そこで破壊されるのは、既存の市場です。デジカメをオモチャとしか考えていなかったコダック社は、ここで市場からの撤退を余儀なくされたわけです。

近年では、スマートフォンの普及も爆発的でした。初めてアップル社のｉＰｈｏｎｅが登場したときは、いわゆる「ガラケー」がこんなに早く市場から追い出されるとは誰も思わなかったでしょう。しかしその普及スピードは、ガラケーのｉモードが普及したときの倍以上だったのです。

既存の技術は次々と「非収益化」する

デジタル化、潜行、破壊。エクスポネンシャルな進化のグラフを見ると、この「３D」でひと区切りつくようにも思えます。しかし、これで終わりではありません。破壊というブレークスルーを果たした後も、次の「３D」が待っています。

ディアマンディスは「破壊」に続く四番目のDとして「非収益化（Demonetization）」を挙げました。破壊的なイノベーションを果たしたのだから、その商品は大きな収益を上げるはずなのに、なぜ「非収益化」なのでしょう。

ここで非収益化が起こるのは、その技術が生み出した商品そのものではありません。たとえば写真のデジタル化によって、コダック社はフィルムという収益源を失いました。また、かつては「現像」にもお金がかかっていましたが、いまはそのプロセス自体がなくなり、私たちは写真を撮ってすぐにＳＮＳなどにアップし、みんなに見せています。

このような例は、枚挙にいとまがありません。かつて長距離電話には高額な料金がかかりましたが、いまはSkypeやLINEの無料通話機能などによって非収益化され、完全に過去のものになりました。ネットフリックスやHuluのような映像ストリーミング配信は、レンタルビデオ産業を非収益化しましたし、インターネット上の辞書や辞典は「紙」のそれと違って無料です。

ある技術の発展は、こうして既存の何かを非収益化するので、「被害」を被る側はあらかじめ対策が必要です。しかしディアマンディスによれば、この「非収益化」にも潜行性があります。いつ、何が、どれくらい非収益化するのかが表面的には見えにくいため、対応が遅れてしまうのです。

たとえば日本でも、空き部屋を「民泊」に活用するAirbnb（エアビーアンドビー）がホテル業界を、一般人の自家用車をタクシーとして活用するUber（ウーバー）が運送業界を非収益化する動きは、すでに「潜行」から「破壊」の局面に入りました。この二つについては後ほど別の章であらためて詳しくお話ししますが、その脅威への日本の対応は完全に後手に回っているといわざるを得ません。

また、この「非収益化」がどの業界に波及するかは、そう簡単には予測できません。これも詳しくは後述しますが、ＡｉｒｂｎｂやＵｂｅｒが非収益化するのはホテル業界や運送業界だけではない可能性があります。

一例を挙げるなら、このところ急速に進化しているＶＲ（ヴァーチャル・リアリティ）が何を非収益化するか、わかるでしょうか。従来のディスプレイやテレビなどが不要になりそうなことはすぐに思いつきますが、それだけとはかぎりません。その場にいながら世界中の風景が体験できるとなれば、海外旅行にお金を使う人はいなくなる可能性があります。旅行業というサービスが非収益化されるかもしれないわけです。旅行業だけではなく、ＶＲによって人の移動が変化し、都市もオフィスも形が変わる可能性があります。

物もサービスも「非物質化」し、「大衆化」

この「非収益化」が物やサービスへの対価が消えることを意味するのに対して、五番目のＤである「非物質化（Dematerialization）」は物やサービスそのものが消えること

図表5　非収益化・非物質化の波

アプリ	アプリの2011年の価格（米ドル）	もとのデバイスの名称	発売年	発売時のデバイスの希望小売価格（米ドル）	デバイスの価格を2011年の価値に換算（米ドル）
1.ビデオ会議	無料	コンプレッション・ラボVC	1982	250,000	586,904
2.GPS	無料	TIナブスター	1982	119,900	279,366
3.デジタル・ボイスレコーダー	無料	ソニー PCM	1978	2,500	8,687
4.デジタル腕時計	無料	セイコー 35SQ アストロン	1969	1,250	7,716
5.5メガピクセルカメラ	無料	キヤノンRC-701	1986	3,000	6,201
6.医学ライブラリー	無料	コンサルタントなど	1987	～2,000	～3,988
7.ビデオプレーヤー	無料	東芝V-8000	1981	1,245	3,103
8.ビデオカメラ	無料	RCA CC010	1981	1,050	2,617
9.音楽プレーヤー	無料	ソニー CDP-101CDプレーヤー	1982	900	2,113
10.百科事典	無料	コンプトンCD百科事典	1989	750	1,370
11.ビデオゲーム機	無料	アタリ2600	1977	199	744
合計	**無料**				**902,065**

1台のスマートフォンに1億円相当のアプリが入っている!

出典:SingularityHUB

を意味しています。たとえばデジタルカメラの普及によってフィルムを使う従来のカメラは消えましたが、それだけではありません。次の瞬間には、そのデジタルカメラも姿を消し、スマートフォンで使うアプリのひとつになってしまいました。

これは、かつてパソコンの普及によってワープロ専用機が消えたのと似ています。高機能の機械は、万能機器が登場した瞬間、そこに取り込まれてしまう。自分の手元にあるスマートフォンを開いてみれば、それがどれだけの機械を非物質化したかよくわかります。電話機、ＩＣレコーダー、ゲーム機、テレビ、ＣＤプレーヤーなど、多くの物がそこに取り込まれて消えてしまったのです。

しかも、アプリ化したそれぞれの機能は、かつての「機械」よりもはるかに安く手に入るようになりました。これが六番目のＤ、「大衆化（Democratization）」にほかなりません。カメラのように昔は富裕層しか手にできなかった高価な物やサービスが、非収益化と非物質化による当然の結果として、誰にでも手に入るものになる。これが、エクスポネンシャルな技術進化がもたらす連鎖反応の最終段階です。

科学技術のエクスポネンシャルな進化によって激変する社会を生きていくには、物事が以上のようなステップを経て進んでいくことを知らなければいけません。この「６Ｄ」を提唱するディアマンディスは、こんなこともいっています。

「直線的な思考しかできない者にとって、六つのＤは六人の死に神（Death）にほかならない」

なんとも不吉な言葉ですが、実際、この展開を読むことができずに市場から撤退した企業や業種がいくつもあるのですから、決して大袈裟《おおげさ》な話ではありません。エクスポネンシャルな進化への理解は、シンギュラリティ直前の時代を生きる私たちにとって、必要不可欠な基礎知識なのです。

第三章　人間が死なない、働かなくてもいい社会

エネルギー問題を根本的に解決するただひとつの方法

前章では、まずカーツワイルのいう「G・N・R革命」の概略を紹介しました。それを実現させるテクノロジーの進化の道筋が、ディアマンディスのいう「エクスポネンシャルの6D」です。この章では、そのようなテクノロジー進化がもたらす「革命」が、人類の未来にどのような恩恵をもたらすのかを、もう少し具体的に見ていくことにしましょう。

ディアマンディスは「六人の死に神」などと物騒な言葉を使っているので、ネガティブな未来を想像してしまった人もいると思いますが、死に神がやって来るのはあくまでも「直線的な思考しかできない者」の話。それに、カーツワイルはG・N・R革命によって「あらゆる種類の苦しみ」を根絶することができるといいました。その言葉を信じるなら、人類の未来にはユートピアが待っているようにも思えてきます。

そして、それは決して絵空事とはいえません。このままテクノロジーがエクスポネンシャルに進化すれば、人類の抱えるさまざまな大問題が解決するはずだからです。

その一例として、まずはエネルギー問題について考えてみましょう。人類の文明を成り立たせる上では、これが最重要課題といっても過言ではありません。それが何よりも重要だからこそ、これまで人類はエネルギー争奪戦としての戦争をくり返してきました。原子力発電の是非をめぐる議論も、要はエネルギーの問題です。

そのエネルギー問題を根本的に解決する道は、ただひとつ。太陽エネルギーの全面的な活用以外にありません。

そもそも地球上のエネルギーは、すべて太陽が源泉です。かつてエネルギーの主力だった石炭も、現在の主力である石油も、太陽から地球に降りそそいだエネルギーが形を変えたものにすぎません。風力発電や水力発電などのいわゆる「再生可能エネルギー」もそうです。

これまでは、それらの形を変えた太陽エネルギーを利用していたので、その量には限界がありました。しかし太陽エネルギー自体は、ほぼ無限に存在します。

太陽の寿命はあと五〇億年といわれていますから厳密にいえば有限ですが、太陽の寿命は地球の寿命でもあります。つまり人類が存在するかぎり太陽も存在するのですから、そのエネルギーをフルに活用することができれば、人類は完全にエネルギー問題から解放されるといっていいでしょう。太陽エネルギーは地球上のあらゆる場所に降りそそぐので、奪い合いにもなりません。

ソーラーパネルの進化でエネルギーの価格はゼロに

では、そんな夢のような未来が本当に訪れるのか。日本では、かつて「夢のエネルギー」として語られていた原子力発電が、二〇一一年の東日本大震災による事故で信頼を失いました。その苦い経験があるので、太陽光発電の将来性をそう簡単には楽観できないと感じる人も多いでしょう。

しかし、このところの技術の進歩を見れば、それは決して夢物語ではありません。太陽光発電と聞いて「必要な電力のほんの一部を担えるだけだろう」と思う人は、先ほどの「エクスポネンシャルの6D」を思い出してください。「大した技術ではない」と感じるのは、それがまだ「潜行」の段階にあるからではないでしょうか。

実際、技術革新によってソーラーパネルの発電効率は飛躍的に向上しており、数年後には化石燃料による発電よりも価格が安くなると予測されています。すでに、最新のメガソーラーでつくられた電気の中には、契約価格で化石燃料を下回るものも出てきました。この四〇年間の価格の推移を見ても、一九七七年に七六ドルぐらいだったものが、いまは〇・七四ドルと一〇〇分の一にまで下がっています。このままソーラーパネルがエクスポネンシャルに進化していくと、そう遠くない将来に、太陽光発電によるエネルギーの価格はほぼゼロになるのです。

ソーラーパネルが急速に進化したのは、使用する素材をコンピュータでシミュレーションできるようになったことも要因のひとつです。

発電効率を高めるためにどんな素材がよいかは、これまで手作業による実験で試行錯誤するしかありませんでした。当然、これには膨大なコストや時間がかかります。

しかしコンピュータを使えば、さまざまな素材の組み合わせを短時間でシミュレーションし、正解にたどり着くことができます。チェスや囲碁で人間に勝てるのを見ればわかるとおり、コンピュータはあらゆる可能性を一瞬のうちに試し、その中から正解を見つけるのが得意なのです。そして、そのスピードも倍々で加速しているのです。まさにエクスポネンシャルなテクノロジーのおかげです。

ただし当然のことながら、ソーラーパネルだけが進化しても、太陽エネルギーを十分に利用することはできません。技術的にクリアすべき課題はほかにもあります。とくに重要なのは、「蓄電」と「輸送」の問題でしょう。太陽光から生み出した電力を蓄え、それを遠隔地に届けられるようなインフラを整える必要があります。

しかし、すでに太陽光発電の可能性を信じる人々によってさまざまな試みが行われているので、それらの問題もいずれ解決するでしょう。たとえば、イーロン・マスク氏が率いる電気自動車メーカーのテスラ社がネバダ州郊外で建築したバッテリー工場「ギガ・ファクトリー」では、この工場単独で、一年間の生産量が数年前の全世界で生産されたリチウムイオンバッテリーの総量を超えるといいます。テスラ社はこの製造ボリュームを利用して、各地に蓄電所を建設し始めました。太陽光発電の技術が「潜行」を終えて「破壊」の局面を迎えるのは、もう時間の問題なのです。

だとすれば、「破壊」の後に訪れる「非収益化」への準備も始めなければいけません。いうまでもなく、市場からの撤退を強いられるのは石油産業です。たとえば米国の石油会社は、これまで石油の代替エネルギーとしてシェールガス（頁岩層《けつがんそう》から採取される天然ガス）の開発に取り組んできましたが、すでに力点を太陽光のほうへシフトし始めました。少し前までは「シェールガス革命」という言葉もよく聞かれましたが、もっと大きなエネルギー革命に向けて動き出したわけです。米国が原子力発電の開発をほとんどやらなくなったのも、太陽エネルギーの将来性を見越してかもしれません。

さらに進んだ宇宙文明では銀河系の全エネルギーを利用?

これまで人類は、石炭、石油、原子力などのエネルギー源を（人的な損害も含めて）多大なコストをかけて利用してきました。その歴史を考えると、太陽エネルギーをすべてタダで使えるようになるという話は、あまりにスケールが大きすぎて、非現実的な印象を受けてしまうかもしれません。

しかし学者の中には、もっと壮大なスケールのエネルギー利用を考える人もいます。ロシアの天文学者カルダシェフによれば、私たち「地球人」の文明は、「宇宙文明」の発達の第一段階にさえ到達していません。広い宇宙には、人類よりもはるかに進んだ文明を持つ知的生命体が存在する可能性があります。カルダシェフはその宇宙文明を、恒星のエネルギーを利用するレベルによって次の三段階に分けました。

・第一段階　地球上で得られる全エネルギーを利用できる段階
・第二段階　恒星系で得られる全エネルギーを利用できる段階（太陽のエネルギーをすべて使い尽くせる状態）
・第三段階　銀河系で得られる全エネルギーを利用できる段階（天の川銀河に無数にある恒星のエネルギーをすべて使える状態）

まだ私たちは、地球で受け取れる太陽エネルギーのほんの一部しか利用できていません。いずれすべて利用できるようになったとしても、それはカルダシェフのいう第一段階です。しかし、太陽エネルギーは（水星や木星や海王星なども含む）広大な太陽系全体に降りそそいでいる。そこまで丸ごと使えるようになるのが、第二段階。さらに、銀河系内に一〇〇〇億とも二〇〇〇億個とも見積もられている恒星の全エネルギーを利用するのが第三段階です。

　カルダシェフはここまでしか言及していませんが、その先を考えることもできます。隣にあるアンドロメダ銀河の恒星まで使えば、エネルギー量は二倍になります。また、NASAは二〇一六年、観測可能な宇宙には銀河が二兆個もあるという推定値を発表しました。そのエネルギーをすべて利用するのが、最終段階ということになるでしょうか。

　ちなみに、カルダシェフのいう第二、第三段階を実現した知的生命体があるとすれば、彼らは「ダイソン球」と呼ばれる建造物で恒星全体を覆ってしまうだろうと考える学者もいます。逆にいえば、それを宇宙のどこかで発見すれば、地球外知的生命体の存在を裏付ける証拠になります。実際、ダイソン球を探している天文学者は少なからずいます。

　荒唐無稽なSFの話のようではありますが、それを大真面目で研究する学者がいるとすれば、「第一段階」の達成にはかなりリアリティが感じられるのではないでしょうか。しかも、太陽の有効活用によってエネルギーコストがゼロになるのは、その第一段階よりも手前の話です。それだけでも、地球史を書き換えるレベルの大変革です。

水不足も地球温暖化も食糧不足もなくなる

もし社会のエネルギーをすべて太陽から調達できるようになれば、その波及効果は計り知れないほど大きなものになります。まず、化石燃料を使う必要がなくなりますから、二酸化炭素の排出による地球温暖化問題がただちに解決するのは間違いありません。

また、水不足の問題も解決します。たとえば米国のカリフォルニアは降雨量が少ないためしばしば水不足になるのですが、シンギュラリタリアンの多いシリコンバレーあたりでは、「そんなに心配することか？」と思っている人が大勢いるでしょう。「だって、すぐ隣に太平洋があるじゃないか」というわけです。

海水の淡水化プラントは、現状では相当なコストがかかりますが、電力がタダで使えるとなれば、いくらでも水を安価で供給できるようになるでしょう。カリフォルニアにかぎらず、広大な海に恵まれた地球人は水不足の不安から解放されるのです。

さらに、電力コストがゼロになり、水がいくらでも手に入るようになると、食糧問題も解決します。食用の植物を、工場でどんどん生産できるようになるからです。

そのときは、用済みになると思われた化石燃料が別の存在意義を持つことになるかもしれません。というのも、植物の生育には二酸化炭素が不可欠。これは前出の齊藤元章氏が指摘されていることですが、現在は温室効果ガスとして問題視されている二酸化炭素が植物工場に必須の「資源」となり、その奪い合いになる可能性があるのです。

一九九七年の地球温暖化防止京都会議では、温室効果ガスの「排出権」を取引する制度が定められました。二酸化炭素に関しては、それが「使用権」をめぐる争いに逆転するかもしれません。エネルギー源としては不要になった化石燃料を使って、植物工場のために二酸化炭素を取り出すようになることもあり得ます。

いずれにしろ、太陽光発電の技術はこれから一〇〜二〇年のあいだに飛躍的に進化し、人類の重大問題をいくつも解決してくれるでしょう。同時に、その破壊的な成長は多くのものを非収益化してしまうはずです。

ですから長期的な社会政策も、それを前提に考えていくべきです。もちろん、目の前の生活を維持・向上させるには現時点で利用可能なエネルギーの運用を考えなければいけませんが、三〇年後のエネルギー政策に現在の常識は通用しません。まだ「潜行」の段階にある太陽光エネルギーのことを無視して将来のエネルギーミックスなどを議論しても、あまり実りのある話にはならないだろうと思います。

あらゆる病気が治療可能になる

さて、エネルギーがほぼ無限に（しかもタダで）使えるようになり、水不足や食糧不足も根本的に解消された場合、人間が生きていくのに最低限必要なものは手に入ることになります。太陽エネルギーがタダならば、それを利用してつくられる水や食糧もかぎりなくタダに近づくはずです。

そうなると、次に人間にとって重要なのは「健康」です。エネルギー、水、食糧に加えて健康まで保証されれば、生きていく上での不安はほとんどなくなります。カーツワイルが予測したような、「あらゆる病気が治療可能になる社会」は本当に実現するのでしょうか。

そこで大きな鍵を握るのは、やはり遺伝子情報だと思います。すでに、個人の遺伝子調査にかかるコストはひじょうに安くなりました。自分の唾液を送ればその遺伝子情報を調べてくれる解析サービスは、いまは一万〜三万円程度かかりますが、需要が増えて検査装置の減価償却が終われば、すぐに一〇〇〇円ぐらいまで下がるでしょう。数年後には、ほんの数円で遺伝子解析ができるようになるはずです。

さらには、専門の機関に依頼しなくても、そのための機械が身近で使えるようになるでしょう。機械がトイレに組み込まれれば、毎日そこで自動的にサンプルを採って遺伝子解析が行われるようになるかもしれません。

すでに、スマートフォンのカメラ機能を使って身体的なデータを分析し、がんの診断を行う技術を開発しているベンチャー企業もあります。まるで体温計で熱を測るような感覚で、手軽に病気の診断ができるようになるのです。

遺伝子解析によってがんの早期発見が可能になる一方で、生活習慣とがんの因果関係についての研究も進むでしょう。すると、がんの予防も可能になるわけです。人間の死因に占めるがんの割合は、これから一〇年のあいだに劇的に下がるのではないでしょうか。

病気の予防や診断に加えて、治療技術もどんどん進化すると思われます。たとえば新しい伝染病に対するワクチンの開発は、昔よりもはるかに速くなりました。二〇〇二年には中国で発生したＳＡＲＳ（重症急性呼吸器症候群）、二〇一四年には西アフリカで流行したエボラ出血熱が大きな問題になりましたが、いずれも当初は世界中が大騒ぎになったものの、意外と早期に終息しています。治療薬の進化は、すでに私たち人類に相当な恩恵をもたらしています。

今後は、それがますますエクスポネンシャルなカーブを描いて成長していきます。先ほどソーラーパネルの素材開発をコンピュータ・シミュレーションで迅速にできるようになったという話をしましたが、これは創薬も同じこと。人間が手作業でやっていた試行錯誤をコンピュータやロボットが一瞬でやってくれるので、開発スピードが急上昇しているのです。

さらに、ｉＰＳ細胞をはじめとするバイオテクノロジーが発展すれば、リスクのある人体実験をやらずに、人工的な臓器を使った実験もできるようになるでしょう。もちろん、病んだ臓器そのものをｉＰＳ細胞で治すこともできます。

人類の平均寿命は、これまでも右肩上がりに延びてきました。一〇〇年前の平均寿命は三〇歳前後、縄文時代は一五歳前後だったという話もあります。それが現在は八〇歳前後。そうなったのは乳幼児死亡率の低下が大きな要因ですが、これからは成人が長生きすることによってさらに延びるでしょう。平均寿命が一〇〇歳を超えるのは、時間の問題だと思います。人間の命の限界は一二〇歳程度だともいわれますが、カーツワイルの予測どおり「老化は速度を落とせるか逆行させられる」ような時代になれば、その限界も上方修正されるのではないでしょうか。

「ゲノム編集」の技術進歩は諸刃の剣

もちろん、医療の進歩につながるバイオテクノロジーには危うい側面もあります。たとえば二〇一五年には、中国の遺伝子研究チームがヒトの受精卵に「ゲノム編集」という遺伝子操作を行い、この操作をタブー視する欧米の科学界で激しい論争が起こりました。

ゲノム編集が問題視されるのは、遺伝的特徴を人為的に操作した「デザイナーベビー」の実現に道を開くからです。中国の研究チームは、胎児に成長する可能性のない受精卵を使用したので倫理的な問題はないとしていますが、どこまでゲノム編集が許されるかという線引きに関する議論は、まだ世界的に進んでいません。

また、ゲノム編集によって何が起こるかは未解明な部分もあります。遺伝子操作によって予想外の突然変異が起こり、悲惨な結果を招く可能性もあります。いまは、植物、動物、細菌類など、あらゆる生物のDNAが遺伝子操作の材料となっており、「合成生物学」というジャンルも成立しつつあります。誰がどこでバイオテクノロジーの「被害者」になるかわかりません。

ゲノム編集に使われる技術でもっとも注目されるのは、「クリスパー・キャスナイン(CRISPR/Cas9)」と呼ばれるものです。

この技術が生まれたきっかけは、細菌や古細菌が持つクリスパー・キャスという免疫防御システムが発見されたことでした。侵入したウイルスのDNAをバラバラにして、特定の塩基配列を自分自身の中に取り込む仕組みです。

このシステムを利用して、人間にも利用できるように確立されたのがクリスパー・キャスナインでした。二〇一三年に実用化されたこの技術は、遺伝子研究を劇的に変える革新的なもので、いずれノーベル賞が与えられることが確実視されています。

しかしその結果、倫理的に問題のある中国の実験のようなことも起こりました。クリスパー・キャスナインの開発者も含む著名な遺伝子学者らは、ヒトのDNAに手を加えることで生じる結果についての研究が進み、安全基準が定められるまでは、ヒトの生殖細胞系列を組み換えるべきではないと訴えています。

とはいえ、たとえ意図的でなくとも、実験の手違いによってDNAの組み換えが起きてしまう可能性もゼロではないでしょう。将来的には人類全体に大きな恩恵を与えると思われる技術ですが、その取り扱いには慎重かつ周到な手続きや準備が求められます。

想像を超えた、悪質・大規模な犯罪も？

そして、このような危うさを秘めた技術は、バイオテクノロジーの分野にかぎったものではありません。優れた技術の多くが軍事と深く関わっていることからも明らかなように、テクノロジーの発展は常に「諸刃の剣」です。

技術が急激に進化すれば、犯罪のあり方も大きく変わるでしょう。「犯罪者は警察よりも先に携帯電話を手にしていた」ともいわれるように、新しい技術に真っ先に飛びつくのは犯罪者です。

現状でも、インターネットやスマートフォンなどの出現以前には考えられなかったような犯罪が増えました。二〇一九年までに、サイバー犯罪全体が二兆ドルのビジネスになるという予測もあります。

IoT（Internet of the Things＝物のインターネット）の時代が本格化すれば、ますますハッキング犯罪は増えるでしょう。あらゆる人や物がネットでつながり、いずれ地球全体がひとつのネットワークと化したときには、ハッキングが深刻な脅威になります。たとえば水源に毒を投入するのは社会を揺るがすような大犯罪ですが、それと同じようなことがネットをターゲットにして行われる恐れがあります。ネットワーク化した地球全体が一瞬で機能停止するようなリスクが生じるわけです。

インターネットの普及だけでもそれだけ犯罪の枠組みが広がるのですから、シンギュラリティに向けた技術進化は、犯罪もエクスポネンシャルに増やしてしまうかもしれません。たとえばドローンは社会を変える可能性を持つ技術のひとつですが、すでにメキシコでは麻薬を積んだドローンが墜落しているのが見つかったりしています。簡単に国境を越えられるのですから、密売組織やテロリストがドローンに目をつけるのは当然です。建物の一室で大麻栽培をすると室温が上がるので、UVカメラ付きドローンを飛ばしてその場所を突き止め、そこから大麻を盗むという犯罪も発生しています。

ロボティクス革命が起きれば、「ロボットの犯罪」をどうするかも重大な問題として浮上します。人間の知能に追いついたAIが犯罪に手を染めるようになれば、その規模やスピードは無限に増殖しかねません。かつてSF作家のアイザック・アシモフは作品の中で、人間への安全性・命令への服従・自己防衛という「ロボット三原則」を提示しましたが、これが現実世界に求められる日が訪れるのです。

そんな時代の先駆けともいえる動きもありました。二〇一七年二月に人工知能学会がまとめた倫理指針です。そこでは、人工知能の研究者が備えるべき倫理性を、人工知能自身にも求めました。人工知能が人工知能をつくり出す時代の到来を見越した対応です。

しかしどんな対策を講じても、人工知能を備えたロボットが起こす犯罪を未然に防ぐことはできないかもしれません。そうなると、社会の法体系も見直す必要が生じるでしょう。当然のことながら、現在の法律は人間を対象にしています。人工知能が自らの意思で犯罪を行った場合、誰を処罰すればいいのかわかりません。ＡＩ警察がＡＩ容疑者を逮捕し、ＡＩ裁判所でＡＩ検察官とＡＩ弁護士が対決し、ＡＩ裁判官が判決を下す――そんな司法制度が現実のものになる可能性もあるのではないでしょうか。

人間は「働かなくていい社会」に耐えられるか

それも含めて、テクノロジーによる大革命が起きれば、私たちの社会は根本から変容をせずにいられません。司法制度のみならず、立法や行政のシステムも従来とはまったく違う発想で設計し直す必要に迫られるでしょう。

そもそも、その社会を支える経済のあり方が変わります。エネルギーが実質的にタダになり、水や食糧がいくらでも生産できるようになれば、もう人間は働かなくてよい社会になります。すべては完璧なＡＩを備えたロボットがやってくれるのです。

そうなったとき、資本家が労働者を使って利益を生み出し、労働者がそこから収入を得て生活するという資本主義の基本的な仕組みが維持できるとは思えません。富の分配システムが根底から変容するのです。

ですから、テクノロジーによる急進的な革命を信じるシンギュラリタリアンのあいだでは、しばしばベーシック・インカムという制度が議論されます。ベーシック・インカムとは、政府が最低限の生活を送るための現金をすべての国民に支給する仕組みです。

労働の対価としてお金を手に入れる仕組みがなくなれば、富の再分配の手段としてベーシック・インカムが浮上するのは、ある意味、当然です。基本的な経済活動は政府の管理するロボットが担い、その収益を国民全員に分配する。そのときには金銭や貨幣の存在意義も曖昧《あいまい》になっている可能性があるので、政府が国民生活に最低限必要なロボットを支給するという形になることも考えられます。

しかし、日々の生活はそれで支障なく送れるようになったとして、私たち人間の心がそれを受け入れられるかどうかは、また別の問題です。働かずに生きていける社会に、果たして人間は耐えられるでしょうか。

労働から解放された「先輩」に、馬がいます。かつての社会では、軍事、農業、物流などで膨大な数の馬が働いていました。しかし産業革命で労働力としての馬は不要になりました。ごく一部は品種改良されてサラブレッドとして競走に駆り出されていますが、いまではその数もだいぶ減り、大半の馬が牧場でのんびりと草を食《は》んでいます。

働く必要がなくなった人間も、それと似た道をたどるのかもしれません。ほとんどの人々はのんびりと日々を過ごし、一部の「サラブレッド」だけが競争に明け暮れる。競争の「勝利」が何になるのかはわかりませんが、たとえそれによってベーシック・インカムを超える収入を得たとしても、あらゆる物やサービスが非収益化しているであろう社会では、お金をたくさん持つことの優位性はほとんどなくなります。

だとすると、「牧場」でのんびりと暮らすにしろ、「サラブレッド」として走り続けるにしろ、それぞれの個人が人間としての尊厳を何によって保つのかが、きわめて難しい問題になります。これは、哲学や心理学などの分野で検討されるべきテーマかもしれません。エクスポネンシャルな社会変化に人間の「心」が追いついていけなかった場合、それは「ユートピア」ではなく、ＡＩに支配される「ディストピア」になってしまうかもしれないのです。

第四章

第四次産業革命が始まっている！

「インダストリー4・0」「ソサエティ5・0」の時代

ここまでの話で、エクスポネンシャルな技術進化がもたらす「革命」がどのようなものか、おおよそのイメージはつかめたと思います。ここからは、それを踏まえた上で、いまの私たちが何をどうすべきなのかを考えていくことにしましょう。

そこでまず大事なのは、この「革命」が決して遠い将来の話ではないと認識することです。それどころか、すでに始まっていると思わなければいけません。事実、二〇一六年の半ばあたりからは「第四次産業革命」という言葉がよく聞かれるようになりました。多くの人々が、すでに人間の社会がその渦中にあると考えているのです。

この言葉の始まりは、ドイツが二〇一三年四月に提唱した「インダストリー4・0」というプロジェクトでした。工場の情報をデジタル化し、AIやITの活用によって産業そのものをネットワーク化しようという試みです。これを過去の産業革命に匹敵する大変革ととらえて、「第四次産業革命」と呼びました。

ちなみに、第一次産業革命は、いうまでもなく一八世紀末の英国で起こりました。蒸気機関や自動織機などの発明によって産業全体が飛躍的に効率化したのです。

一九世紀後半から二〇世紀初頭にかけて起きた第二次産業革命の中心地は、米国でした。化学、電気、石油、鉄鋼などの分野でイノベーションが進み、消費財の大量生産が可能になったのがこの時期です。鉄道をはじめとする輸送手段も発達しました。映画、ラジオ、蓄音機などの大衆的な娯楽も登場しています。

ただ、この二つの産業革命は一連のものと見なすこともできます。それを「第二次産業革命」と位置づけ、はるか昔に起きた「農業革命」を第一次産業革命とする見方もあります。

人類史を俯瞰《ふかん》すれば、そのようなロングレンジの産業史観にも意義があるといえます。第一次は農業、第二次は工業による産業革命だったわけです。

それに続く第三次産業革命は、ほんの三〇年ほど前に「情報」の分野で起きました。コンピュータやインターネットを中心とする「ＩＴ革命」がそれです。まだその革命の真っ最中だと感じている人も多いでしょう。しかし、いまＡＩやナノテクノロジーなどを中心に起きている変化は、ＩＴ革命とは一線を画する新しい動きなのです。

ところで、第四次産業革命と似た概念として、「ソサエティ5・0」という言葉を見聞きしたことのある人もいるでしょう。人類の社会が五番目の新バージョンに更新されつつあるという意味です。こちらは、農業革命以前の狩猟採集社会がソサエティ1・0、農耕社会が2・0、工業化社会が3・0、情報化社会が4・0となります。いま起きている変革を「5・0」として、IT革命と区別する点では、「第四次産業革命」の考え方と変わりません。

いずれにしても、重要なのは、次の革命やバージョンアップの起こる時期が人類史を通じてどんどん早まっていることです。

狩猟採集社会の始まりを旧石器時代とするなら、それは二〇〇万年ほど続きました。それに取って代わった農耕社会が一八世紀の産業革命によって工業化社会に転じるまでは、およそ一万年。二ケタ早まっています。

そこから情報革命までは数百年ですから、ここでもやはり二ケタ早まりました。まさにエクスポネンシャルなペースで進化してきましたから、IT革命から間もないこのタイミングで第四次産業革命が起きるのは、決して驚くべきことではありません。

図表6　産業革命もエクスポネンシャルに加速

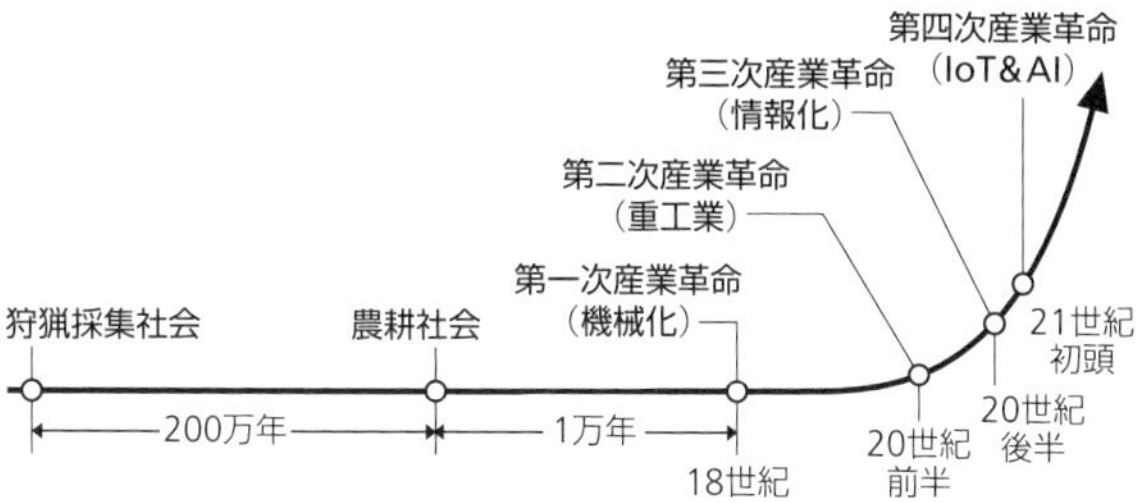

おそらく第五次産業革命はそれから数年後、第六次産業革命はその数カ月後、それ以降は数週間、数日、数時間……という間隔で革命的な変化が訪れます。テクノロジー進化の加速度が「無限大」に近づくとは、そういうことなのです。

第三次産業革命（ＩＴ革命）とはどこが違うのか

さて、第三次産業革命（ＩＴ革命）と現在進行中の第四次産業革命は、どう違うのでしょうか。いま起きていることはＩＴ革命の延長線上にあるのではないか——そう感じている人も多いと思いますが、産業そのもののあり方が根本的に変わる可能性を秘めている点で、これはやはり新たな「革命」と位置づけるべきだと思います。

ドイツの「インダストリー４・０」が目指すのは工場の

ネットワーク化ですが、その中心となる技術は、前章でも少し触れた「ＩｏＴ」です。物と物がインターネットでつながり、情報交換しながらお互いを制御し合う。現時点でインターネットにつながっているデバイスは二〇億〜三〇億程度ですが、ある試算によると、二〇二〇年までにそれが五〇〇億に達します。先進国でひとりの人間が所有する「物」の数はおよそ一〇〇〇個といわれているので、ほぼそのすべてがインターネットにつながる時代が来るわけです。

その先駆けとして全面的にＩｏＴ化するのが、工場です。これまでも工場ではさまざまなロボットが稼働していましたが、それぞれに対する指令は人間が個別に出していました。しかしＩｏＴでつながると、ロボット同士が連携して、自動的に最適な作業を選択できます。

これはやがて、ひとつの汎用的なロボットに進化するでしょう。

たとえばスマートフォンは、ノート、ペン、時計、カメラ、カレンダーなどなど、デスクの上にあった物を一台でまとめて置き換えてしまう汎用性を持っています。それと同じように、工場のいろいろな生産ラインで別々に稼働していたロボットの機能が、一台の汎用的なロボットに集約されるわけです。

これは、いわばスマートフォンの工場版。「インダストリー4・0」を提唱するドイツでも、その発想を具現化した先進的な工場のことを「スマートファクトリー」と呼んでいます。この動きは製造業のあり方を激変させずにはおきません。

その中でも「革命」の主役となるロボットは、やはり3Dプリンターでしょう。ピーター・ディアマンディスが「今後五年間で製造業は3Dプリンターの脅威にさらされる」というのも、それが高い汎用性を持つロボットだからです。

先述したとおり、すでに米国では自動車のタイヤ以外のすべてを3Dプリンターでつくる試みが成功しました。中国では、ビルや住宅の部屋を3Dプリンターでつくり、それを組み上げる実験が行われています。いずれドローンの性能が向上して、重たい物を持ち上げて組み立てられるようになれば、人間も重機もなしで高層ビルを建築することが可能になります。

最大の激震に見舞われるのは製造業

また、物をつくってから遠隔地に運ぶ必要もなくなります。現地に3Dプリンターがあれば、送るのは素材だけでいい。たとえばISS（国際宇宙ステーション）に3Dプリンターを打ち上げて設置してしまえば、あとは素材を搬送するだけで、必要な物がそこでつくれるのです。そのための技術は、すでにシンギュラリティ大学から生まれたベンチャー企業「メイドイン・スペース」が実用化段階まで持っていきました。

もっと身近なところでも、3Dプリンターが活躍するようになります。おそらく数年後には、コンビニエンスストアに3Dプリンターが置かれるようになるのではないでしょうか。すると私たちは、製品のデータさえあれば、そこで物を「プリントアウト」できるようになります。メーカーは、注文された製品のデータだけ販売すればいいのです。

これはつまり、メーカーが製品の「在庫」を抱える必要がなくなるということにほかなりません。たとえば古い電化製品が故障したとき、メーカーがもうその生産をやめていて、部品の在庫もなければ、修理を諦めて別の新品を買うしかありませんでした。しかし3Dプリンターがあれば、部品のデジタルデータを保存しておくだけで、いくらでも部品をつくることができます。補修用の在庫を持つ必要がないのは、メーカーにとって大きなメリットです。

しかし一方で、「いくらでもコピー商品がつくれる」という脅威も生じます。データにコピーガードをかけることはできるでしょうが、いずれ「3Dスキャナー」が普及すれば、そのデータ自体を現物から再現することが可能になる。まさに製品が「デジタル化」された後に、その「非収益化」が起きてしまうわけです。

もちろん、熟練職人の手作業でつくられている精密な道具や機械を3Dプリンターが再現できるようになるまで、しばらく時間はかかるでしょう。でも、それもやがて技術的に解決されることは間違いありません。いまは「この精度は日本の町工場でしかできない」といわれているようなものでも、いずれ3Dプリンターがいとも簡単に再現してしまうことでしょう。

いずれにしろ、この第四次産業革命で最大の激震に見舞われるのは製造業です。たとえば任天堂という企業は、かつてはゲーム機というハードウェアで大きな収益を得ていましたが、ある時期からその戦略が成り立たなくなり、業態をソフトウェア中心に切り替えることが求められました。

それと同じようなことが、今後はあらゆる製造業で起こります。日本国内であれば、とくにトヨタ、日産、ホンダなどの自動車メーカーは大きく変わらなければいけないと思います。工場のＩｏＴ化や３Ｄプリンターの時代に対応できなければ、メーカーとして生き残ることはできないのです。

Ｕｂｅｒは単なる「タクシーの代替サービス」ではない

ところで、自動車メーカーに大きな影響を与えるのは、ＩｏＴや３Ｄプリンターだけではありません。第二章で、破壊的なイノベーションを起こしたテクノロジーが、思わぬ商品やサービスを非収益化することがあるという話をしました。いまはそれが自動車メーカーに襲いかかろうとしています。それは、Ｕｂｅｒです。

Ｕｂｅｒは、一般の民間人が運転する自家用車をタクシーのような形として活用するサービスですから、マイナスの影響を受けるのはタクシー業界だと誰でも思うでしょう。もちろん、それ自体は間違いではありません。でも、それだけではないのです。

たとえばＵｂｅｒが登場する以前、サンフランシスコ市のタクシー市場は年間一五〇億円ぐらいの規模でした。Ｕｂｅｒがタクシーの代替にすぎないのであれば、そのサンフランシスコでの売り上げは一五〇億円程度で頭打ちになるはずです。サンフランシスコのすべてのタクシーから仕事を奪ったとしても、それが限度です。

ところがＵｂｅｒは、二〇一四年にサンフランシスコだけで五五〇億円もの売り上げがありました。タクシー市場全体の約三・七倍もの数字です。タクシーの代替としての利用だけでは、説明がつきません。

Ｕｂｅｒがこれだけの売り上げを達成したのは、いままで自家用車で移動していた人が、それに乗らなくなったのが大きな要因のひとつです。それまでタクシーを使っていなかった人たちも、Ｕｂｅｒで移動するようになった。つまりＵｂｅｒはタクシーだけの代替サービスではなく、自動車を使うあらゆる行動に取って代わろうとしているわけです。

もちろん自家用車を所有する人がＵｂｅｒで働くので、自動車そのものが不要になるわけではありません。しかしＵｂｅｒの登場によって、自家用車を持たなくなる人は確実に増えます。自動車メーカーに与える影響は決して小さくありません。

また、もっと大きな影響をＵｂｅｒから受けるのは、物流業界でしょう。Ｕｂｅｒが運べるのは、人だけではないからです。まだ日本ではＵｂｅｒのことを「単なるタクシーの自動配車サービス」ぐらいにしか思っていない人が多いかもしれませんが、すでに同社の時価総額は、世界最大の物流サービス会社フェデックスを上回りました。日本ではいま、アマゾンなどのネット通販の拡大で宅配業者の仕事量が増大していることが問題視されていますが、近い将来、Ｕｂｅｒがその仕事を奪い取ってしまうかもしれません。

さらにいえば、Ｕｂｅｒが脅威になるのは自動車を使う移動だけとはかぎりません。格安の料金で家から目的地まで運んでくれるのですから、新幹線などを利用する人が激減する可能性もあります。

渋滞の多い道路事情を考えると難しい面もありますが、自動運転車が普及して、それもＩｏＴでお互いを制御し合うようになれば、渋滞問題が解消するかもしれません。そうなれば、誰もわざわざターミナル駅まで行ってから新幹線に乗り換えるような面倒な

郵便はがき

料金受取人払郵便

代々木局承認

1536

差出有効期間
平成30年11月
9日まで

1 5 1 8 7 9 0

203

東京都渋谷区千駄ヶ谷4-9-

（株）幻冬舎

書籍編集部宛

1518790203

ご住所 〒
都・道
府・県

フリガナ
お名前

メール

インターネットでも回答を受け付けております
http://www.gentosha.co.jp/e/

裏面のご感想を広告等、書籍のPRに使わせていただく場合がございます。

幻冬舎より、著者に関する新しいお知らせ・小社および関連会社、広告主からのご案内を送付することがあります。不要の場合は右の欄にレ印をご記入ください。

不要

書をお買い上げいただき、誠にありがとうございました。
問にお答えいただけたら幸いです。

ご購入いただいた本のタイトルをご記入ください。

』

著者へのメッセージ、または本書のご感想をお書きください。

本書をお求めになった動機は？
著者が好きだから　②タイトルにひかれて　③テーマにひかれて
カバーにひかれて　⑤帯のコピーにひかれて　⑥新聞で見て
インターネットで知って　⑧売れてるから／話題だから
役に立ちそうだから

生年月日	西暦　　年　　月　　日（　　歳）	男・女		
ご職業	①学生	②教員・研究職	③公務員	④農林漁業
	⑤専門・技術職	⑥自由業	⑦自営業	⑧会社役員
	⑨会社員	⑩専業主夫・主婦	⑪パート・アルバイト	
	⑫無職	⑬その他（		）

記入いただきました個人情報については、許可なく他の目的で使用す
ことはありません。ご協力ありがとうございました。

ことはしたくないでしょう。そうやってUberが新幹線のニーズを奪う日と、リニア中央新幹線の開通は、一体どちらが先になるでしょうか。エクスポネンシャルな進化の時代には、長期計画の「新技術」が完成時には無用の長物になるリスクがあるのです。

先日、NHKのニュースで、自動運転タクシーのことが報じられました。日本政府は、二〇二〇年の東京オリンピック・パラリンピックまでに自動運転タクシーを普及させるための環境整備を推進しています。ニュースでは、国家戦略特別区で「ロボットタクシー」の実験が認められたことを伝えていました。

それはいいのですが、同じニュース番組がその数日前には、「運転士不足に悩む地方のバス会社」のことを報じていました。その会社では、運転士を確保するために新卒従業員の採用を始め、三年かけて育成するというのです。

この二つのニュースは、無関係の話ではありません。そこに矛盾を感じられなければ、これからの社会変革への対応はできません。

三年後には自動運転タクシーが普及しているのであれば、バスも「運転士不足」に悩むことはなくなるはずです。せっかく採用された彼らは、三年後、運転士として必要とされるかどうかもわかりません。運転士不足に悩むバス会社は、若者の育成に投資するより、自動運転を開発しているベンチャー企業に投資したほうが有効かもしれない。テクノロジー進化に対する将来予測なしに、企業の経営判断は成り立たないのです。

Uberについては、トラニス・カラニックCEOが運転手を罵倒する動画が公開されたり、運転手の待遇が批判されたりと、最近はネガティブなニュースも多く報道されています。革新的なビジネス・モデルの旗手として、ぜひ乗り越えていってほしいと思います。

単なる民泊ではない、Airbnbの本質

二〇二〇年といえば、オリンピック・パラリンピックでの需要に応えるために、ホテルの建設ラッシュが始まるという話も聞こえてきます。これまでの常識に照らせば当然の判断でしょうが、これも裏目に出る可能性があります。Uberと並び称せられる画期的なビジネス、Airbnbの存在があるからです。

マンションなどの空き部屋を民泊施設として活用するAirbnbは、日本国内でも

かなり需要が増えてきました。日本人にはそれほど普及していませんが、インバウンドの外国人旅行客は盛んに利用しています。二〇一六年から二〇一七年にかけての年末年始は、ホテルに泊まった旅行客よりもＡｉｒｂｎｂの利用者のほうが多いぐらいでした。

Ｕｂｅｒと同様、Ａｉｒｂｎｂもその発想はきわめてシンプルです。「３ＬＤＫに暮らしながら一部屋しか使っていない人がいるなら、宿泊所として貸せばいい」と考えた彼らは、空き部屋の所有者と宿泊施設を求める人たちをマッチングするネットサービスをつくりました。それだけの小さな会社が、いまでは時価総額でハイアットやヒルトンといった大手ホテル会社を超えています。

インターネットのテクノロジーを利用してあまった資源を融通しあう経済モデルを総称してシェアリング・エコノミーと呼びます。こうしたＵｂｅｒやＡｉｒｂｎｂのようなシェアリング・エコノミーの成功から、「ウーバライゼーション（ウーバー化）」という言葉も生まれました。自動車であれ部屋であれ、使われていないリソースをシェアすることで新たなビジネスを生むのが「ウーバー化」の本質です。この発想は、これからいろいろな分野に広がっていくのではないでしょうか。

たとえば、どこの家庭にもある掃除機や洗濯機などの家電製品は、一日のうちほんの短時間しか稼働していません。ずっと「使用中」なのはエアコンと冷蔵庫ぐらいでしょうか。ならば、「使わない時間帯は誰かに貸す」というビジネスも考えられます。

具体的にどうすればよいのかはわかりませんが、IoTをはじめとするテクノロジーを駆使すれば何かうまい方法が見つかるかもしれません。考えてみれば、コインランドリーは洗濯機をみんなでシェアしているようなものですし、自家用車を持たない人たちによるカーシェアリングは東京のような都市部ではかなり広まりました。いずれ、あらゆる家電製品がシェアされる日が訪れるかもしれません。

ウーバー化されたビジネスの大きなメリットのひとつは、従業員や在庫のようなものを企業が抱えなくてよいことです。空車や空室の維持にもコストのかかるタクシー会社やホテル会社と違い、必要なときに必要なリソースのコストだけ払えばいい。きわめて効率のよいシステムになっています。

必要なときに必要な人材を世界規模で調達する時代

車や部屋だけでなく、これからは「人材」もシェアされる時代になるでしょう。これまで企業は多くの社員を継続的に雇い、固定給を支払ってきましたが、少なくともシリコンバレーのベンチャー企業には、そういう発想がほとんどありません。必要なときに、必要な知的能力を持つ人材を集めてくる。その人材がインドにいようがアフリカにいようが、かまいません。三年後に必要かどうかもわからない運転士を自分たちで育成するという考え方とは正反対です。

エクスポネンシャルに進化する社会は変化が激しいので、いま必要な人材を手元に揃えたとしても、一年後、二年後にもそれが同じように必要だとはかぎりません。中長期的に考えれば、ロボットに任せられるようになる業務はたくさんあります。

たとえば、いまの介護業界は人手不足が大問題になっていますが、それを介護ロボットで補うための研究開発が盛んに行われています。もちろん、いま目の前にある仕事をこなすためには人手を集めなければいけませんが、いずれその人たちは仕事がなくなる可能性がある。そういう将来像を視野に入れながら、さまざまな変化に柔軟な対応ができるような態勢を整えるべきです。

会社の業態そのものも、いまの社会に通用するものが数年後に同じように通用するとはかぎりません。それも、従来の常識や習慣にとらわれることなく、柔軟に考える必要があります。いま成功している企業を見渡すと、必ずしも昔からの業種にとどまっていない会社がたくさんあります。たとえば大日本印刷という会社。名称は印刷会社ですが、いまは「ＩＴ企業」と呼んでも差し支えないほど事業内容が変わりました。富士フイルムもそうです。ＯＡ機器や化粧品、健康食品などの分野にも進出して、多面的な企業になりました。

これから本格化する第四次産業革命はさらに大きな変化が起きるので、とくに製造業は柔軟性が不可欠です。長く続けてきた得意分野にこだわる必要がないばかりか、これまで製造業だった会社が製造業という枠組みにとどまり続けなければいけない理由もありません。ほかの業種もそうです。航空業、旅行業、輸送業の会社が、そのまま同じ業界でやっていける保証はどこにもない。ＵｂｅｒやＡｉｒｂｎｂのような革新的な事業が、何を非収益化するかわからない以上、いままで自分たちの「居場所」だと信じてきた業界の垣根のようなものは、まったく存在しないと考えるべきなのです。

世界を制するのは「プラットフォーム企業」

さらに企業では、世界規模のマーケットを意識することが大事です。日本の場合、とくにベンチャー企業の多くは、国内のマーケットしか見ていないように思えます。数万人のユーザーをつかめば小さな会社はやっていけるのかもしれませんが、そこにはあまり将来性がありません。シリコンバレーを中心とする米国のベンチャー企業は、はじめから数十億人のマーケットを取りに行くことを考えています。インターネットに国境はほとんど存在しません。

そのようなビジネスは、「業界の垣根」を越えなければ生まれません。たとえばＵｂｅｒも、単にタクシーの代替でしかなかったら、数十億人のマーケットを相手にすることはできなかったでしょう。Ｕｂｅｒが成功したのは、それがシンプルなインターフェースを持つ汎用的な「プラットフォーム」だからです。

Ｕｂｅｒだけではありません。グーグルやアップルなども、多様なサービスを提供するプラットフォーム企業です。インターフェースがシンプルですし、プラットフォーム自体は基本的に無料なので、多くの人々がそこでアカウントを取得するでしょう。そのプラットフォームに、さまざまな領域のサービスが追加されていく。それがプラットフォーム企業の大きな特徴です。次々と「グーグル○○」「アップル××」といったサービスが登場するので、「そういうことのためにアカウントを取ったつもりはなかったんだけど……」と戸惑いを感じる人も多いのではないでしょうか。しかしそのアカウントを使って新サービスを利用すると何かと便利なのも間違いありません。

かつてはマッキントッシュ・コンピュータのメーカーという印象しかなかったアップルですが、現在は「アップル・ミュージック」の成功によって音楽業界で大きな地位を占めています。また、最近は「アップルペイ」によって世界中の決済をコントロールし始めました。三大メガバンクがアップルに対抗しようと思っても、もはや太刀打ちできないような状況です。二〇年前には、誰もアップルが銀行の競争相手になるとは思っていなかったでしょう。しかし、そうやって業界の垣根を越えてしまうのがプラットフォーム企業の強みなのです。

このような新しいプラットフォームは、日本国内のマーケットだけを見ていたのでは生まれません。

ただし日本のマーケットは、プラットフォーム企業の「育成リーグ」としては良い条件を備えているといえます。日本のプロ野球から次々と大リーガーが育ってきたように、良質な日本のマーケットで育ったプラットフォーム企業が世界の数十億人をつかむようになればよいと思います。

すでに、日本人大リーガーにとっての野茂英雄《のもひでお》選手のような企業も出てきました。たとえばLINEは、日本で開発されたのかは不明ですが、日本で大きく育ったプラットフォーム企業のひとつでしょう。当初は電話の無料通話もできるSNSのひとつと認識されていましたが、いまはそのプラットフォームにさまざまなサービスを搭載していま す。早い段階からLINEに馴染んできた若い世代は、たとえばネットニュースもLINEで読むようになってきました。

簡単に物品の売り買いができるフリマアプリを提供する「メルカリ」も、プラットフォーム企業として成長の可能性を秘めています。若いユーザーたちは、何か欲しい物があるとき、アマゾンではなくまずメルカリで検索するようになりました。メルカリで何かを売り、そこで手に入れたお金をメルカリでの買い物に使うというユーザーも多いでしょう。そのプラットフォームの中に、ひとつの独立した経済圏が成立するわけです。これが世界大のプラットフォームになった場合は、とてつもなく大きな存在感を持つのではないでしょうか。

スパコンの性能は国力に直結する重要課題

第四次産業革命は始まったばかりですが、今後はこの世界規模の大変革が第五次、第六次……と立て続けに起こると予想されます。いまのうちに基本的なマインドセットを変えなければ、国も、企業も、個人も、時代の変化に置き去りにされてしまいます。

国家レベルの事業について考えると、これからの革命できわめて重要な意義を持つスーパーコンピュータの研究・開発がひとつの鍵になることはいうまでもありません。まさにエクスポネンシャルな進化を続けている分野ですから、いったん外国に性能の点で引き離されると、二度と追いつけないぐらいの差が生じてしまう可能性があります。AIをはじめとするテクノロジー革命の根底にあるのがスーパーコンピュータですから、その性能の差はそのまま国力の差になって跳ね返ってきます。

日本はかつて「京」というスーパーコンピュータが世界一位の性能を誇っていましたが、いまはその地位にはありません。最近は中国のスーパーコンピュータが圧倒的な速さを見せるようになりました。計算速度では八連覇、第二位も中国です。日本勢は世界六位まで順位を下げました（二〇一六年のランキング。「Oakforest-PACS」が初登場六位、「京」は七位だった）。もはや「二位じゃダメなんですか？」などと呑気《のんき》なことをいっている場合ではありません。

ただし、スーパーコンピュータの性能を高めるには、闇雲にパワーを上げるだけでなく、効率性の追求も重要です。巨大なコンピュータは電力を含めて莫大《ばくだい》なコストがかかるので、効率の悪いものは実用的ではありません。日本はその効率性向上の研究で優れており、前出の齊藤元章氏もその分野の第一人者です。

スーパーコンピュータの世界ランキングは、大きく分けて二つ。中国が上位を独占しているのは処理速度を競う「Ｔｏｐ５００」ですが、それ以外に、消費電力あたりの性能を競う「Ｇｒｅｅｎ５００」というランキングがあります。こちらでは、齊藤氏の率いるペジーコンピューティングの開発したスパコンが、二〇一五年に世界一～三位を独占しました。つまり、効率性では世界ナンバーワンということです。

効率性の向上は、より処理速度の速いスーパーコンピュータをつくる手段として重要ですが、それだけではありません。巨大なコンピュータはたくさんつくれないので、いまの「京」も多くの研究機関が共同利用しています。申請書を提出して許可を得てもすぐに使えるわけではありませんし、順番が回ってきても使用時間は分単位。ですが、効率化が進めば、「京」レベルのスパコンが狭い研究室に設置できるようになり、みんなが自由に好きなだけ使えるようになるでしょう。たとえ処理速度では世界一にならなくても、利用範囲が広がればテクノロジー全体の進化に大きく寄与できるはずです。

いずれにしろ、スパコンの開発は国力そのものを左右する問題なので、国として明確な戦略を持つべきなのです。中国やアメリカに引き離されることがないよう、その開発に関わる企業や研究者をサポートしていく必要があると思います。

第五章

エクスポネンシャル思考でなければ生き残れない

物と情報、メディア、企業、あらゆる境界が溶けてゆく

コンピュータやインターネットによる第三次産業＝ＩＴ革命は、私たちの生活を大きく変えました。しかし、すでに始まっている第四次産業革命が、規模の面でもスピードの面でもそれをはるかに超えるものになるのは間違いありません。

社会構造そのものが根本的に変わるという意味で、これは真のパラダイムシフトといっていいでしょう。これまで述べてきたことからもわかるように、そこでは過去の社会を仕切ってきたさまざまな「境界線」が溶けるように消え去ります。

たとえばデジタル化した写真が象徴するような「非物質化」もそのひとつ。これまで私たちは「物質」と「情報（データ）」を別々に扱うのが当たり前だと思ってきましたが、もはやそのあいだに境界線はありません。「リアル」と「バーチャル」の境界線がなくなるのです。

そのような社会では、従来の「分類」があまり意味を持ちません。たとえば、マスメディア。これまで、新聞・ラジオ・テレビは別ジャンルのメディアとして存在してきま

した。それぞれの端末機器が別々だったせいもあるでしょう。

しかし現在は、それがすべてインターネット上で混ざり合っています。文字も音声も動画も、デジタルデータという点で違いはありません。だからネット上では同じように配信され、新聞のサイトで記事を読みながら横目でCM動画を見るようなことも起こります。SNSで気になるニュースのリンクをクリックしてから、それが新聞ではなくテレビの動画ニュースだとわかることも少なくありません。私たちはもうメディアを区別せず、すべてを「ネットのニュース」として受け入れているわけです。

区別が消えたのはメディアだけではありません。前章でも述べたとおり、あらゆる業種で従来の境界線が消え去ろうとしています。

たとえばJALの最大の競合相手は、同じ航空会社のANAでした。路線によっては、JRの新幹線や高速バスも競合します。しかし今後は、Uberや自動運転タクシーと戦うことになるかもしれません。その一方で、VRを活用した観光業や会議システムにマーケットを奪われる可能性もあります。つまり、これまでまったく無関係だと思われていた航空会社、Uber、VRという三者が、同じ土俵で戦うことになるかもしれないのです。

知的労働からも国境が消え、やがてはすべてAIに

また、境界線がなくなるのは、会社や業界の「外側」だけではありません。会社の「内側」にある境界線も溶けていきます。とくに、経理部、人事部、法務部といったバックオフィス機能の境界線は急速になくなっていくと思います。それらの業務はデジタル化されてクラウドに移行し、ＡＩが担うようになると予測されるからです。したがって、それぞれの領域で専門家としてキャリアを重ねるのはきわめて困難になるでしょう。

それは、会社のバックオフィスで働く人にかぎったことではありません。いわゆる「知的労働」の多くから境界線が消え、ＡＩに置き換わっていきます。

たとえば弁護士、会計士、税理士、司法書士、行政書士……といった知的労働は、これまでまったく異なるものでした。業務内容も法制度も違いますし、それぞれの資格を得るための試験も別々です。

しかし、それぞれが扱う仕事をデジタル化した途端、そこに区別はなくなります。Ａ

Ｉにとっては、弁護士が見る判例も会計士が見る帳簿の数字も単なるデジタルデータにすぎません。「ＡＩ弁護士」と「ＡＩ会計士」は、人間から見たインターフェースには違いがあるかもしれませんが、その中身は本質的に同じなのです。

ですから、いまは安定した職業として人気がありますが、「資格」という境界線で区分けされた仕事の将来はあまり明るくありません。ＡＩに置き換わるまでにはまだ時間がかかるかもしれませんが、それ以前に、知的労働からは「国境」という境界線が消失せる可能性もあります。これからの一〇年で、アフリカやインドなどで日本の総人口をもはるかに超える億単位の知的労働者が生まれると考えられているからです。

それは、なぜなのか。いわゆる発展途上国の人々は、これまで、先進国の人々が先にわが物にしたテクノロジーを後追いで使っていました。徐々に進歩するテクノロジーを同じ順番で追いかけていくので、両者の差は縮まりません。

ところがいまは、テクノロジー進化のスピードが速いので、発展途上国の人々が途中の段階をスキップし、先進国と同じタイミングで最先端のものを取り入れます。古いものにこだわらない分、その普及ペースは先進国よりもむしろ速いぐらいです。

たとえばアフリカやインドには、政府が学校で子供たちにスマートフォンを配布する国や地域もあります。日本の子供たちは親がなかなかスマートフォンを与えてくれなかったりしますが、アフリカやインドの子供たちは英語もできるので、最初からウィキペディアを情報源にしているわけです。小学校で国語辞典の引き方と漢字の書き順で膨大な時間を費やす日本の子供たちよりも、圧倒的にＩＴ化が速い。初等教育の段階でそういうアドバンテージを得るため、いわばＩＴ社会に「横入り」してきた国々から膨大な人数の知的労働者が出てくると予想されるのです。その数は今後一〇年で一〇億人とも言われています。

日本の場合は「言語の壁」があるとはいえ、ますますグローバリゼーションが進み、英語の公用語化が進めば、国内の知的労働者も安穏とはしていられないでしょう。ＡＩよりも先に、インドやアフリカの人々が知的労働者の仕事を奪うかもしれません。しかし、そこに対抗する方法も、やはりテクノロジーの中にあるのではないでしょうか。

たとえば、インターネットを利用した通話アプリであるＳｋｙｐｅは、日本語を含めた一〇言語間でリアルタイムで翻訳を行う「Ｓｋｙｐｅ翻訳」を提供しています。これらのテクノロジーが進化すれば、「言語の壁」を意識せず、インドやアフリカに仕事を発注できるようになります。

小規模・少人数でケタ違いに大きな成果を生む組織EXOとは？

さて、そうやってあらゆる境界線が溶けていく社会では、人間のつくる「組織」のあり方も大きく変わらざるを得ません。前章で述べたように、UberやAirbnbのような企業は、組織の姿が日本の一般的な会社とはまったく違います。そういう勢力の台頭を見ながら、新しい時代に生き残るための組織づくりをどうすべきなのか、強い危機意識を持って悩んでいる経営者も多いのではないでしょうか。

組織の変革は簡単ではありません。そもそも組織とは、一定の秩序を守るためにつくられるものだからです。秩序を壊すのが変革ですから、そこにはどうしても矛盾が生じてしまう。「変化に対応できる柔軟な組織」と言葉でいうのは簡単ですが、柔軟な組織は秩序を維持しにくいのですから、その実現は非常に難しいことなのです。

しかし、境界線が溶けてしまう社会では、たとえ自ら壊さなくても、組織の秩序がいつ揺らぐかわかりません。あらゆる垣根がなくなるのですから、「会社」という枠組みもこれまでのように明確なものではなくなります。現状の組織で成功を収めたとしても、それは決して長続きしません。実際、五年前と現在のフォーチュン100（米「フォーチュン」誌が年一回発表する、売上高に基づく、世界の企業ランキング）を見ても、企業の四〇％程度が入れ替わっています。成功が永続的なものではない以上、組織も現状維持ではいけないのです。

とはいえ、すべての個人がバラバラに仕事をしていたのではビジネスは成り立ちません。会社というビジネスの単位はこれからも残るでしょう。その会社を、今後はどのような組織にすればよいのか。

それを考えるためのヒントとして、シンギュラリティ大学の創業ディレクターでもあり自身も起業家であるサリム・イスマイルが提示する指針を紹介します。彼は、新しい時代に求められる組織を「エクスポネンシャル・オーガナイゼーション（ExO＝飛躍型組織）」と名付けました。これは、そのまま彼の著書（マイケル・マローン、ユーリ・ファン・ギーストとの共著）のタイトルにもなっています（邦訳は『シンギュラリティ大学が教える飛躍する方法』として日経BP社より刊行)。

イスマイルの考えるエクスポネンシャルな組織とは、「従業員数や規模と比べるとケタ違いに大きな影響力(あるいは成果)を生み出す組織」のことです。UberやAirbnbがまさにこれに該当することはいうまでもありません。数十人、数百人程度の規模なのに、世界中の数十億人に影響を与え、時価総額が数千億円に達するほどの高い評価を市場から得る。それが「ExO」です。

イスマイルは同書の中で、ExOの特徴をいくつか挙げました。その中でもまず最初に注目すべきなのは「MTP」という特徴です。「Massive Transformative Purpose」の頭文字をとった略語で、日本語では「野心的な変革目標」となります。

従来の企業も、創業時にはそれなりの野心や目標を掲げています。自分たちの事業で世の中を変革したい、と考える経営者も少なくありません。

しかしイスマイルのいうMTPは、これまでの常識とはスケールが違います。たとえばグーグルは、「世界中の情報を整理する」という目標を掲げました。いまでこそ説得力がありますが、創業当時の状況を考えれば、これはただの「大風呂敷」です。

グーグルのほかにも、イスマイルは次のようなMTPの例を挙げました。

・TED　「価値のあるアイデアを広める」
・Xプライズ　「人類にとって有益な、飛躍的技術革新を実現する」
・シンギュラリティ大学　「一〇億人に良い影響を与える」

いずれも、「世界」や「人類」を変革しようという野心に満ちあふれています。小さな規模の集団が、そういう大風呂敷を広げて数十億人の生活をより良いものにしようとするのが、ExOの第一の特徴なのです。

飛躍型組織の外部環境、五つの特徴は「SCALE」

そんなExOの性質を、イスマイルは次の図のように人間の脳に見立てて整理しました（図表7）。右脳にあたるのは「外部環境的性質」。そこに含まれる五項目の頭文字をとって「SCALE」と呼んでいます。左脳にあたるのは「内部環境的性質」で、やはり

図表7　エクスポネンシャルな組織の10の特徴

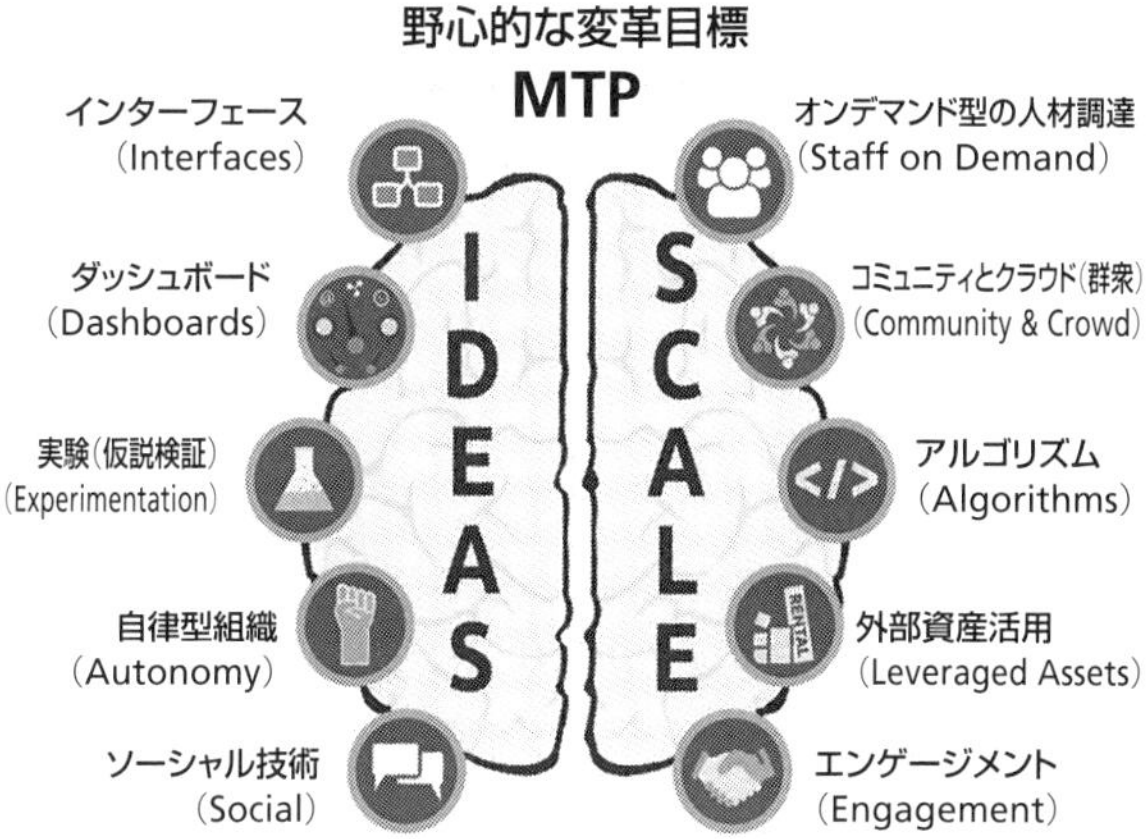

左脳	右脳
秩序	成長
管理	創造性
安定性	不確実性
内部環境的性質	**外部環境的性質**

出典：『シンギュラリティ大学が教える飛躍する方法』p63（一部改変）

五項目の頭文字をとって「ＩＤＥＡＳ」と名付けられました。この一〇項目が、ＥｘＯに見られる特徴的な性質です。順に説明していきましょう。

まず、右側の「ＳＣＡＬＥ（外部環境的性質）」から。最初の「Ｓ」は「Staff on Demand」、つまりオンデマンド型の人材調達です。これは前にもお話ししました。ＥｘＯは、内部に固定化したリソースを抱え込む必要がありません。必要に応じて、必要な人材を調達することができます。

次の「C」は、コミュニティとクラウド。このクラウドは「クラウド・コンピューティング」の「cloud（雲）」ではなく、「群衆（crowd）」のほうです。ExOは、内部に社員などを抱え込まない代わりに、周囲に強固なコミュニティがあり、必要に応じて群衆がサポートしてくれます。

有名なのは、中国の「小米（シャオミ）」という携帯電話メーカー。ひじょうに強いコミュニティが同社を支持しており、小米が放っておいてもSNSなどを通じて情報を拡散し、製品をさらに良くするためのサポートをしてくれます。

三番目の「A」は、アルゴリズム。もともとは、数学やコンピューティングなどの分野で、問題の解を得るための定式化した手順のことをアルゴリズムといいます。その手順にしたがって計算していけば、自動的に答えが出る。イスマイルは、自律反射的にサービスを提供できるアルゴリズムを持っているのが、ExOの特徴だとしました。

その典型例は、グーグルが広告主に提供するクリック課金広告サービス「アドワーズ」です。検索やサイトの閲覧時など、ユーザーの購買行動や興味・関心に応じて広告を自動的に配信するサービスで、これこそまさに「自律反射的にサービスを提供」するアルゴリズムにほかなりません。

もちろん、Ｕｂｅｒの配車サービスもそうです。ユーザーがスマートフォンなどのアプリから発信した依頼を、いちいち人間が受け付けて処理しているわけではありません。「自律反射的」に、最適な配車が実行されます。人間を介さずに広範なサービスを提供できるアルゴリズムがあるからこそ、内部に人材を固定化する必要がないのです。

四番目の「Ｌ」は、外部資産の活用（Leveraged Assets）。人材にかぎらず、さまざまな外部資産を活用し、自社で保有するものを最小限に抑えるのがＥｘＯの特徴です。

五番目の「Ｅ」は、エンゲージメント（結びつき、共感）。ＥｘＯは、強力なプラットフォームでユーザーがくり返し選んでくれる商品やサービスを提供することで、顧客をエンゲージメントします。そのパワーが強いがゆえに、周囲で支援するコミュニティやクラウドも生まれるわけです。

飛躍型組織の内部環境、五つの特徴は「IDEAS」

次に、左側の「IDEAS（内部環境的性質）」を見てみましょう。

まず、「I」のインターフェース。とくに、先ほどの「A＝アルゴリズム」を有効に機能させるためには、それをコントロールし、チューンアップしていくためのインターフェースがひじょうに重要です。ExOは、有効に作動するインターフェースを内部に持ち、日々それを更新しています。たとえばセールス・フォース・ドットコムなどは、そのためのツールをクラウドで提供していますので、そのようなツールをうまく使うことが重要でしょう。

「D」のダッシュボードとは、膨大なデータを測定・管理するシステムのこと。ExOの多くは「データ企業」なので、それを組織内で広く共有することが求められます。それによって、自分たちの組織の現在地がどこで、これからどこに向かっているのかが明確になるのです。

三番目の「E」は、実験（Experimentation）。自らイノベーションを起こしていくExOにとって、これはきわめて重要です。次々と出てくる新しいアイデア（仮説）が有効かどうかを実験によって検証する。この「仮説－検証」のプロセスによる試行錯誤をどれだけ重ねられるかが、イノベーションを起こせるかどうかの鍵を握っているといっても過言ではありません。

事実、グーグルにしてもアップルにしても、仮説と検証を凄まじいスピードでくり返しています。当然ながら、すべての実験が成功するわけではありません。おそらく、成功よりも多くの失敗を重ねていることでしょう。ある仮説がダメだとわかったら、すぐに潰して別の仮説を立てて検証する。それがＥｘＯの基本スタイルです。

その実験を次々にやるためにも欠かせないのが、四番目の「Ａ」、自律型組織(Autonomy)という性質です。仮説を検証するための実験の可否をいちいち稟議書《りんぎしょ》を回して全社的な判断を仰いでいたのでは、スピード感は失われてしまいます。自律型組織のＥｘＯは、何事も現場で判断して決めることができるので、無駄な「承認スタンプラリー」など一切ありません。これは、イノベーションをスピードアップさせるだけでなく、開放的な組織文化も醸成します。結果として、従業員の満足度も高まります。

最後の「Ｓ」は、ソーシャル技術。要はＳＮＳのようなもののことだと思えばいいでしょう。ＥｘＯは例外なく、組織内部でソーシャル技術を活用しています。

たとえば、米国の企業で多く使われているのは、「スラック（Slack）」という社内チャットツール。そこで日常的にコミュニケーションを図り、情報を共有していれば、頻繁にみんなで集まって会議を開く必要がありません。会社での重要な話が会議ではなくもっと気楽な喫煙室の会話で進んだという経験をお持ちの方も多いはずです。社内チャットツールはあたかもバーチャルな喫煙室をいくつもつくるようなイメージです。これも、ＥｘＯの仕事のスピード感を増大させる要因になっています。

変化を拒む、組織の免疫反応をいかに抑えるか

以上、イスマイルがまとめたＥｘＯの「ＳＣＡＬＥ」と「ＩＤＥＡＳ」という性質を見てきました。じつは、この一〇項目の達成度を採点するスコアリングシートも存在します。そして、米国のハルト・インターナショナル・ビジネススクールがそのシートに基づいてフォーチュン１００の企業を採点したところ、スコアのランキングと時価総額ランキングがほぼ一致するという驚くべき結果が出ました。それもあって、米国ではこ

の一〇項目が企業にとって例外なく注力すべきこととして認識されています。

しかし、この一〇項目の性質をすべて備えているだけでは、ＥｘＯとして十分ではありません。先述したとおり、既存の秩序を守ろうとするのが組織の本質です。そのため、何らかの変化に対しては必ず抵抗が生じます。生物が外からの異物を免疫反応によって撃退しようとするのと同じようなものだといえます。

しかしＥｘＯが文字どおりエクスポネンシャルな「飛躍型組織」であり続けるためには、常に変化を許容し続けなければいけません。では、どうすれば組織の免疫反応を抑えることができるのでしょうか。

そこで多くのＥｘＯが採用しているのは、変わろうとするセクションを組織の外、もしくは組織のいちばん外側に置くという考え方です。

たとえばシリコンバレーには、「スカンクワークス」という企業文化があります。「臭い仕事場」というニュアンスの言葉ですが、決してネガティブなものではありません。これはもともと、軍需産業で生まれた業界用語でした。秘密保持のために、新しい製品の開発チームを組織の本体からは切り離して設置し、特別な権限を与えた少数精鋭の開発チームがそこで作業をする。それがスカンクワークスです。作業場所が、近隣の工場からのにおいに悩まされる場所であったことから、この名前がついたとの逸話もあります。これが、シリコンバレーのＥｘＯにも広まりました。

その中でもとりわけ企業風土にスカンクワークスが深く浸透しているのは、アップルではないでしょうか。いまは亡きスティーブ・ジョブズが、組織の辺縁に置いた連中に、好きなことを寝る間も惜しんでやらせるカルチャーをつくり上げました。いまやアップルの中心的な事業であるｉＴｕｎｅｓも、アップルウォッチも、アップルペイも、そういうスカンクワークスから誕生したものです。

グーグルが二〇一五年に、自らをいったん解体するような大規模な経営組織再編を断行したのも、そういう「外側の開発部門」が必要だという認識があったからだと思います。「アルファベット」という持ち株会社の傘下にさまざまなベンチャー企業を置き、広告事業を軸とするグーグル自体もそれと並列の存在にしたのです。

「現代版ラッダイト運動」をしていたら共倒れするだけ

このような組織改革は、現在の日本企業にはかなり難しいでしょう。本体が懸命に変わろうと試みても、周囲がそれを許さないこともあります。

たとえば二〇一六年五月に、トヨタ自動車と米国のＵｂｅｒが戦略提携を検討することで合意し、トヨタの投資部門がＵｂｅｒに出資するというニュースが流れました。これに対して猛反対の声を上げたのは、国内のタクシー業界です。トヨタはＵｂｅｒとの連携を海外に限定していますが、タクシー業界はＵｂｅｒが自分たちに脅威を与える存在だと認識しているので、反発したのでしょう。トヨタとしても、二〇一七年に次世代タクシーを国内の市場に投入する予定があるので、業界を敵に回すわけにはいきません。そのためタクシーの業界団体の総会で、トヨタが「Ｕｂｅｒと日本での協業は考えておりません」という文書を配布するという対応を余儀なくされました。

ある意味で、トヨタには「ＳＣＡＬＥ」の「Ｃ」、外部のコミュニティが強固に存在します。それは組織としての強みになるはずなのですが、このケースではそれが免疫システムとして働いてしまったといえます。

この事案にかぎらず、日本企業を取り巻くコミュニティはそれぞれ大きな既得権を持っているので、同じような免疫反応が起きるケースは今後も続くと思われます。たとえば会社がオンデマンド型の人材調達を画策すれば、労働組合の反発を招くでしょう。

これから起きようとしているのは「革命」ですから、そのような摩擦や軋轢《あつれき》は避けられないのかもしれません。一九世紀の英国でも、産業革命で失業の危機を感じた手工業者や労働者などが機械や工場を破壊するラッダイト運動が猛威を振るいました。第四次産業革命でも、現代版のラッダイト運動が広い範囲で蔓延《まんえん》する可能性はあります。

しかし、既得権を手放すのはたしかに厳しいことではあるものの、このエクスポネンシャルな革命の進行を止めることはできません。組織が免疫反応をそのまま放置して変化を拒めば、生き残ることはできません。周囲のコミュニティも共倒れです。

ですから、これから変化を遂げようとする組織は、周囲のコミュニティのみならず、日本社会全体に対して、免疫反応を弱めるような説得や教育を試みなければいけません。人々のマインドセットが変わらなければ、現代のラッダイト運動によって日本だけがこの産業革命から取り残され、エクスポネンシャルな進化に乗り遅れてしまうおそれもあります。いったん乗り遅れたら、二度と追いつくことはできません。

ここまで本書を読み進められてきたみなさんは、すでにマインドセットが以前とは変わったことと思います。シンギュラリティという想像を超える現象に向けて、エクスポネンシャルなテクノロジー進化がさまざまな分野で破壊的な局面を迎えることが感覚的に理解できれば、好むと好まざるとにかかわらず、生き方や考え方を変えざるを得ません。

私は、国内のミドルレイヤーの次世代リーダーシップ層がそういうマインドを持てば、日本の組織は変わることができると考えています。いまのところ、企業のトップクラスのリーダーたちはすでにエクスポネンシャルな思考を持つようになったものの、中間管理職クラスはまだ危機感が足りません。むしろ、変わろうとする組織の免疫系になってしまう可能性もあります。

その下の若い世代になると、将来不安の強さから「とにかく正社員になること」が目標という状態にもなってきました。しかし米国では、二〇〇五年以降に生まれた新しい職種はすべて「非正規雇用」の仕事です。遅かれ早かれ、日本でも正規雇用の職業は生まれなくなると考えたほうがいいでしょう。

これからは、自家用車や空き部屋がタクシーやホテルとしてシェアされるのと同じように、さまざまな組織や業種に広くシェアされる人材が活躍の場を広げる時代になります。そういう時代の到来を社会全体が理解するためには、いまこのタイミングでミドルクラスの意識を変え、そのマインドを下の世代にも広げることが必要だと思うのです。

次の章では、私自身が大きくマインドセットを変えるきっかけとなったシンギュラリティ大学のことをお話しします。そこで何が行われているかを知れば、さらにエクスポネンシャルな世界への理解が深まるに違いありません。

第六章　これが世界最先端のシンギュラリティ大学だ！

頭文字SUは「スリープレス・ユニバーシティ」(寝ない大学)の略？

レイ・カーツワイルとピーター・ディアマンディスの二人が発起人となり、米国のカリフォルニア州にエクスポネンシャルなテクノロジーの教育に特化した「シンギュラリティ大学」が設立されたのは、二〇〇八年のことでした。名称は「大学」ですが、法的には「公益企業（Benefit Corporation）」。当初は大学としての認証を受けようと考えたのですが、やろうとしていることがあまりに先進的でありすぎたために、それは断念しました。

しかしもちろん「大学」を名乗る以上、そこが教育・研究機関であることはいうまでもありません。ただしそれに加えて、シンギュラリティ大学はベンチャー企業の育成やベンチャーキャピタル機能なども備えています。日本でいえば、株式会社とNPO法人の中間ぐらいの位置づけだと思えばいいでしょう。創業にあたってはグーグル、シスコ、オートデスクといった大企業がスポンサーとして支えました。

キャンパスがあるのは、NASAのエイムズ・リサーチセンター内。シリコンバレーのマウンテンビューという地区で、近くにはグーグルの本社もあります。エイムズ・リサーチセンターは飛行場を併設するNASAの基地のような場所で、かつてはそこで宇宙飛行士の養成もしていました。ですから、シンギュラリティ大学の建物の隣にある宿泊施設には、宇宙飛行士が使っていた部屋もあります。

そこで寝泊まりしながら、二四時間体制で教育プログラムに参加し、起業にいたるまでのマインドセットを植えつけられるのがシンギュラリティ大学という場所です。飲食物も提供されるので、プログラムが終わるまで一度も敷地外に出ない参加者もいるとか。シンギュラリティ大学の頭文字は「SU」ですが、じつは「スリープレス・ユニバーシティ（寝ない大学）」ではないのかという冗談もあるぐらい、参加者はそのプログラムに真剣に取り組んでいます。

競争率数百倍。世界中の優秀な若者が集まるプログラム

そのキャンパスを使って行われる事業は、大きく分けて三つ。詳しいプログラムの中身は後述することにして、まずはその三つを簡単に紹介しておきましょう。

もっとも「大学」らしい中心的な教育活動は、毎年夏季に一〇週間かけて実施される「グローバル・ソリューション・プログラム（GSP）」です。参加者はおよそ八〇名。受け入れ枠をはるかに超える応募があり、倍率は、噂では数百倍ともいわれています。

GSPに参加するためのルートは二つ。直接選考で合格するか、各国のコンテスト（GIC＝グローバル・インパクト・チャレンジ）で優勝するかのどちらかです。およそ四万ドルといわれる衣食住を含む参加費用は、前者の場合はグーグルが全額負担。後者の場合も、各国のスポンサー企業がサポートしてくれます。これまで日本からは参加者がいませんでしたが、二〇一七年には日本でもGICが開催され、初めて日本在住の日本人の参加者が出ることとなりました。

一〇週間のプログラムは、大きく前半と後半に分かれています。前半の五週間は、地球や人類規模の問題解決のための技術や考え方に関する講義。後半の五週間は、いくつかのグループに分かれて実際に製品やサービスの開発に向けた仮説と検証を行います。すでに、そこから生まれたベンチャービジネスも少なくありません。

このGSPの前半の内容を五〜七日間で集中して講義するのが、私も二〇一五年に参加した「エグゼクティブ・プログラム（ＥＰ）」です。参加費の一万四〇〇〇ドルは、自分で払いました。

およそ六〇人の参加者のうち三分の二ぐらいが米国外からで、その中で多いのはヨーロッパの人々。アジアからは私を含めて二人だけで、それ以前を含めても日本からの参加者は一〇人に満たない状態でした。参加者の職業もさまざまで、自ら起業を考えている人のほか、経営者や投資家、軍人などもいます。男女比はおおむね二：一程度でした。

日本人は自分だけのはずだったので、ＥＰの講義で隣にいた女性から流暢《りゅうちょう》な日本語で話しかけられたときは驚きましたが、聞けば、日本で外資系銀行のＣＥＯをやっていた経験があるとのこと。そのときはすでにオーストラリアに移っていましたが、彼女のようなまさに「エグゼクティブ・プログラム」の名に似つかわしい立場の人もたくさん参加しているのです。敷地内の宿泊施設はテレビもない簡素なものなので、運転手つきの車でフォーシーズンズホテルから毎日「通学」してくる人もいました。

ＧＳＰ、ＥＰと並ぶもうひとつの主要プログラムは、秋季に行われる「アクセラレーション・プログラム（ＡＰ）」です。チームごとに選考され、選考通過チームには、Ｇ

SPと同様のプログラムに加えて、一〇万ドルの開業資金と場所が提供されます。すでにチームとして「開業」している団体が対象で、GSPよりも実践的なコースといえます。GSPを通して構成されたチームがそのままこのAPに移行してくることもあるそうです。

以上の三本柱のほかにも、「エクスポネンシャル・シリーズ」と題したテーマ別の講演会、ユース向けプログラム、大企業向けのカスタマイズプログラムなど、シンギュラリティ大学は多様なメニューを用意しています。

GSPへの日本初の参加者のアイデアは「人工培養肉」

二〇一七年二月、日本国内で初めてGICが開催されました。これは、シンギュラリティ大学が設定する貧困や環境問題といった世界人類規模の困難な課題、いわゆるグローバル・グランド・チャレンジ（149ページ参照）に対し、AIやロボティクスなど最先端技術を用いた、解決のためのアイデアを募集するものです。

最終審査は英語でのプレゼンを行い、日本代表となる優勝者を選出、優勝者はスポンサーの奨学金により、シンギュラリティ大学のGSPに参加することができます。

二〇一七年はソニーがスポンサーとなり、コンテストが行われました。六人が最終プレゼンに進出、最終的に人工培養肉の培養液のコストダウンに取り組む研究者チームが優勝し、日本に住む日本人としては初めての参加者となりました。

人工培養肉は食糧問題の切り札として、各国で研究が進んでいます。今後数年のうちには一般家庭の食卓に並び、人類は食肉を得るために動物を殺す必要がなくなるともいわれています。

このチームのすごいところは、開発した培養液をつくるためのプログラムのコードを無償公開し、どこの家庭でも低コストでつくれるようにするというアイデアだったという点です。地球上の全人類の食糧のあり方を劇的に、しかも一瞬で変える可能性が評価の対象となりました。

加えて、シンギュラリティ大学は、シリコンバレーで育成している他のベンチャー企業との親和性の高さなどから、惜しくも優勝を逃した遠隔操作ロボット開発チームに対しても、奨学金つきでの招待を決めました。

二〇一七年九月には一〇社程度の企業スポンサーが中心となり、シンギュラリティ大学サミットを誘致することを決めています。これはエグゼクティブ向けのプログラムをさらに凝縮してイベントの形で二、三日間で提供するものです。GICやサミットは今後も引き続き行われますし、シンギュラリティ大学日本支部をつくろうという動きもあります。今後はもっと身近な、アクセスしやすいものになるだろうことは想像に難くありません。

一〇%アップを目指すより一〇倍を目指す

シンギュラリティ大学のプログラムは複数ありますが、GSP、EP、APの講義内容に大きな違いはありません。そこではまず、これまで本書で述べてきたような「エクスポネンシャル思考」の枠組みを徹底的に叩き込まれます。

たとえば、「一〇%アップを目指すより、一〇倍を目指そう」という考え方。これは何度も何度もいわれました。製品のクオリティであれ、仕事の生産性であれ、多くの人は一〇%の向上のために大変な努力をしています。そうやって地道にコツコツと改善を積み重ねていくことが大事だと思われているわけですが、その一〇％の改善が注いだ労力と釣り合っていない可能性もあります。

もちろん、「一〇％増」ではなく「一〇倍」を目指すとなったら、同じ努力ではいけません。努力の量ではなく、そのやり方自体を根本的に変える必要があります。しかしその目標が達成されたとき、そのための努力は「一〇％増」を目指した努力よりもはるかに報われているでしょう。

こうした考え方の根底にあるのは、「アウト・オブ・ボックス」という発想です。私たちは既成概念という「箱」の中で物事を考えがちですが、「箱」の外にも世界があるとすれば、小さな箱を少しずつ大きくするのではなく、一気に一〇倍を目指す姿勢にもなれます。さらにいえば、そして、そもそもそこに「箱」があるのかどうかを疑ってみる。そもそもその「箱」は、私たちがつくりあげた幻想かもしれないからです。

また、講義では「時代を追わずに先を見よう」という考え方も強調されました。

たとえば小さな子供がサッカーを始めると、みんながボールを追いかけて一カ所に群がります。でも、そのボールを蹴ることができるのは一人か二人程度でしょう。そこからボールが蹴り出されると、またみんなでそちらに向かって走っていく。走ってばかりで、最後までほとんどボールに触れない子もいます。

しかしアイスホッケーでは、初心者がプレーしてもそうはなりません。サッカーと比べてパックの動くスピードが速いので、「追いかけても間に合わない」とすぐにわかるからです。そのため、みんな「次にパックがどこに行くか」を予測して、先回りしようとする。ビジネスも、変化のスピードが速いときほど時代の「いま」を追わず、その先に何が起こるかを予測して動くことが大事なのです。

そして、先を見て新しいことを考えたら、それを大々的にぶち上げて仲間を募る。EXOが壮大な目標を掲げて「大風呂敷」を広げることにも通じるものがありますが、これもシンギュラリティ大学の教えの大きな特徴です。

それこそディアマンディスのXプライズ財団が「民間での有人宇宙飛行」といった大きなテーマを打ち出すのも、このマインドを体現したものだといえます。テーマをぶち上げて仲間（この場合は応募者）を集めれば、それがいつの間にか実現している。これはシリコンバレー全体の基本マインドでもあります。とにかく最初は目立って多くの人に知られることが大事。とくに米国社会には、黙々と努力していても何も起こらず、単なる自己満足で終わってしまうという風土があるので、「良くも悪くも目立たないと負ける」という意識が強いのでしょう。

「人類の課題はテクノロジーで必ず解決できる」という信念

さらに、そういったマインド全体を支えるのは「ポジティブ・シンキング」です。

人間には生存本能があるので、とくに自分たちの命や生活に関わる悲観的なニュースには一〇倍ぐらい過敏に反応してしまう傾向があります。だからマスメディアもネガティブなニュースを盛んに発信して売ろうと考えるわけですが、それにいちいち反応していたらポジティブな考え方はできません。

たとえば環境問題にしても、二〇年ほど前には「石油があと一〇年で涸渇《こかつ》する！」というネガティブな報道が盛んに行われました。実際には涸渇しなかったわけですが、そういうポジティブな事実は売れないのでニュースになりません。「地球温暖化でオゾンホールが破壊されている」という話もそうです。じつはすでに地球のオゾン層は改善の傾向があるのですが、よいニュースはニュースにならないので、まだほとんどの人はそれを知りません。事実に反するのに、いつまでもオゾン層の心配をしている人のほうが圧倒的に多いはずです。

もちろん、いまでも地球や人類は困難な問題をいくつも抱えていますが、シンギュラリティ大学ではそれを「テクノロジーで必ず解決できる」とポジティブに考えさせます。環境問題であれ、医療問題であれ、これまで技術が追いつかずに解決できなかったものも、エクスポネンシャルなテクノロジー進化があればいずれ解決する。その信念こそが、シンギュラリティ大学で与えられるマインドセットの根幹にあるのです。

ですからシンギュラリティ大学では、さまざまな最先端テクノロジーの現状と未来についても詳しく教えます。私が受講したＥＰでは、真ん中の三日間でそれをみっちり学びました。ナノテクノロジー、宇宙開発、太陽光エネルギー、ＩｏＴ、ブロックチェーンなど、それぞれの領域でトップを走る専門家たちが目の前でスピーチをしてくれます。そうやって超一流の学者たちから直に最先端の話を教えてもらえるのが、シンギュラリティ大学のすごいところです。

しかもこれによって、受講生が多様な分野で何が起きているのかを横断的に理解することができることも、大きなメリットでしょう。従来のビジネススクールなどでも科学技術について学ぶことはできましたが、その多くは一部の分野に特化されていました。しかし現在の科学技術は、たとえばバイオテクノロジーとナノテクノロジーがお互いにインパクトを及ぼし合って高い次元にステップアップを果たそうとしているように、異分野同士がつながることでシナジー効果が生じるのが特徴です。そういう実態を把握しなければ、エクスポネンシャル思考の土台となる現実認識が身につきません。

こうして物事の考え方とテクノロジーのトレンドを叩き込まれると、受講前とは完全にマインドセットが変わってしまいます。あまり印象のよくない言葉かもしれませんが、いわばシンギュラリティ大学の価値観に「洗脳」されるようなものでしょうか。カーツワイルはシンギュラリティを「人間の能力が根底から覆り変容する」レベルの現象だといいました。そんな激変期を迎え撃つリーダーを育てるには、心のあり方を一変させるような教育が求められるのは当然のことだと思います。

ラリー・ペイジからも起業のアドバイスが受けられる！

私が受講したEPは短期間のコースなので以上のような座学が中心ですが、GSPやAPはこの後に実地の作業が待っています。ExOの「IDEAS」の「E＝実験」にあたることを、ここで実際に自分たちでやるわけです。

ExOの説明でも述べたとおり、破壊的なイノベーションを起こすには膨大な数の「仮説－検証」プロセスが欠かせません。GSP後半のわずか五週間では大したことはできないと思われるかもしれませんが、たとえばグーグルが二〇一三年に発表したウェアラブル・コンピュータ「グーグルグラス」は、ホームセンターで買ってきた部品を元に、たった五時間で試作品がつくられ、すぐに経営陣のゴーサインが出たといわれます。その後、二〇一五年には販売終了となり、グーグルの数少ない失敗作ともいわれていますが、大事なのはこのスピード感です。凄まじいスピードで「仮説－検証」をくり返していれば、いくら失敗しても何の問題もありません。その失敗を次の実験に活かせばいいだけのことです。

ですからGSPの五週間の「仮説－検証」は決して短いとはいえませんし、単に模擬的な「体験学習」で終わるものでもありません。チームごとに自分たちの問題解決のためのビジネスモデルを検討し、途中でチームの合併や離散なども経ながら、可能ならば試作品をつくるところまでやります。

なにしろシンギュラリティ大学には超一流の人たちがいるので、アドバイザーにも事欠きません。カーツワイルやディアマンディスがいるのはもちろん、グーグルのCEOラリー・ペイジもNASAの敷地内の飛行場から移動することが多く、自転車でふらりとシンギュラリティ大学にやって来ます。そういう人たちとダイレクトでつながり、具体的な起業へ向けたアドバイスを受けられるのですから、受講希望者が世界中から殺到するのも当然です。

そこで結成されたチームは、GSPプログラムの終了と同時に解散するとはかぎりません。実現可能なレベルまでビジネスモデルが練り上がれば、秋のAPにそのままのチームで入る道も用意されています。

また、シンギュラリティ大学にはベンチャーキャピタルもあるので、有望な事業はファイナンシャルの面でサポートを受けられる可能性もあります。実際、「卒業」と同時にチームでベンチャー企業を創設するケースも珍しくありません。

このあたりは、「大学」という言葉から受ける印象とはかなり違います。すぐに起業にいたるケースが増えてきたせいか、最近はGSPの参加者に、大学側があらかじめ「その可能性を考えて身辺整理をしてから来るように」と伝えるようになりました。プログラム終了後、いったん帰国して身辺整理をしてから、またすぐに全員が集まるケースも多いようです。

一〇億人に良い影響を与えるビジネスモデルとは？

ところで、前章でシンギュラリティ大学が広げている「大風呂敷」をチラリと紹介したのを覚えているでしょうか。それは、こういうものでした。

「一〇億人に良い影響を与える」

このスローガンを掲げている以上、GSPで受講生たちが考えるビジネスモデルも、一〇億人の生活を一変させるようなスケールでなければなりません。その目標設定をするための指針として、シンギュラリティ大学は人類規模で解決すべき課題を一二のカテ

図表8　シンギュラリティ大学が考える人類の12の課題

ゴリーで提示し、それを「グローバル・グランド・チャレンジ」と呼んでいます。

図表8にも示したように、「教育(LEARNING)」「エネルギー(ENERGY)」「環境(ENVIRONMENT)」「食糧(FOOD)」「健康(HEALTH)」「繁栄(PROSPERITY)」「安全(SECURITY)」「水(WATER)」「宇宙(SPACE)」「防災力(DISASTER RESILIENCE)」「統治機構(GOVERNANCE)」「住居(SHELTER)」の一二テーマが、二一世紀に私たちが解決すべき問題です。このテーマ自体も時代に応じて変わっていくことが想定されています。

これ自体はいずれも多くの現代人が共有

**図表9　シンギュラリティ大学が注目する
テクノロジー・メガトレンド**

している問題意識だと思いますが、そのすべてをテクノロジーの進化によって解決できると考える点が、シンギュラリティ大学の個性であり、真骨頂ともいえます。

　解決すべき一二のテーマを掲げる一方で、シンギュラリティ大学はその手段となるであろうテクノロジーのメガトレンドにフォーカスしています。ＡＩ、ＶＲ・ＡＲ、エネルギー（ソーラーパネル）、３Ｄプリンター、ＩｏＴ、ロボティクス、ブロックチェーン、ドローン、ナノテクノロジーなどなど、

図表9を見てもらえば、それぞれのテクノロジーがお互いに関連しながら、一二の課題解決に向けて進化していくのがわかると思います。

この「解決すべき人類的な課題」と「それを解決するテクノロジー」のリストを眺めるだけでも、世界の見え方や考え方はずいぶん変わってくるのではないでしょうか。そういう新しい風景を描いてみせたこと自体が、シンギュラリティ大学のもたらした大きな成果のひとつだといえます。

私は、その考え方や知識などを日本国内に広めたいと考え、シンギュラリティ大学のプログラムの経験者を中心に、「エクスポネンシャル・ジャパン」というコミュニティを設立しました。シンギュラリティ大学の各組織や各国の卒業生組織と連携しながら、日本国内での活動をサポートし、エクスポネンシャル研修の提供も行う組織です。

日本企業が飛躍型組織に変わるのは簡単ではありませんが、前章でも述べたとおり、ミドルクラスのマインドセットが変われば社会も大きく変わるでしょう。それを信じて、シンギュラリティ大学の理念と世界観を伝えていきたいと思っています。

シンギュラリティ大学が日本に注目する理由

いまのところ、シンギュラリティ大学と日本人の関係はまだあまり深くありません。GSPには二〇一七年にようやく初めて日本人が参加する段階ですし、EPに参加した私のような人間も少ないのが実情です。

しかしシンギュラリティ大学が日本を無視しているわけではありません。むしろかなり気になる存在のようで、関係者のあいだではしばしば日本のことが話題になります。いろいろな意味で、日本は注目される存在なのです。

その理由は、おもに三つ。ひとつは、日本人の持つ「空想力」のようなものへの期待感です。手塚治虫の『鉄腕アトム』以来、日本では『ドラえもん』『機動戦士ガンダム』『攻殻機動隊』などなど、未来の科学技術を想像させるマンガやアニメがたくさんつくられてきました。ハリウッド映画に影響を与えるなど、世界に通用するものも少なくありません。海外にもSF文化はもちろんありますが、日本人はそれを小さな子供にもわかるような形で描くセンスと能力を持っている。エクスポネンシャルなテクノロジー進化を理解し、「先」を見て動けるだけのポテンシャルを、十分に備えていると思われているのではないでしょうか。

また、単に未来を空想するだけでなく、それを支える基礎テクノロジーも日本は持っています。バイオテクノロジーの分野では山中伸弥《やまなかしんや》教授のｉＰＳ細胞がありますし、人間型ロボットやアンドロイドの研究も世界に先駆けて進めてきました。ナノテクノロジーの分野でも、世界をリードする研究はいくつもあります。長い歴史の中で科学技術の文化を培ってきた日本は、信頼される存在だといえます。

もうひとつの注目点は少し違う観点になりますが、日本社会が持つある種の先進性です。たとえば、日本はどの国よりも早く少子高齢化社会に突入しました。これは今後あらゆる先進国が直面する問題なので、日本がどう対処していくかが注目されています。いわば日本が先行して壮大な社会実験をやっている。人類社会の未来を考える上で、ひじょうに興味深い国なのです。

経済、ベーシック・インカム、日本人が気づいていない「先進性」

また、経済面でも日本はユニークな存在でしょう。というのも、これだけデフレが進行したにもかかわらず、日本では生産される物のクオリティが上がり続けています。こんなことは、長い人類史の中で一度もなかったに違いありません。経済の原理からすると、デフレが続けば製品のクオリティも下がり、みんなが貧しくなっていくはずです。ところが日本では、経済格差が開いてはいるものの、昔にくらべて生活が不便になったりはしていません。

少なくとも外国から見れば、日本人全体の生活レベルは相変わらず向上しているように感じられるはずです。この不思議な現象の背景には、やはりテクノロジーの力があるのではないか。そう考えれば、シンギュラリティ大学が注目するのもわかります。日本で起きているこの現象が世界に伝播していくとすれば、テクノロジーの未来を考える上でも大いに参考になるはずです。

さらに、欧米人がベーシック・インカムについて議論するときにも、しばしば日本のことに言及します。年金や生活保護を受給している人口が多いので、「ある意味で日本はすでにベーシック・インカムが成立している」と考える人もいるのです。

テクノロジーの進化によって人間が働く必要がなくなったとき、富の再分配システムとしてベーシック・インカムの導入が予想されるという話は、前にもしました。その場合、政府がお金ではなくロボットを国民に現物支給する可能性もあります。

そして日本は、それと似たようなことを過去に実行しました。二〇〇九年に行われた「エコポイント制度」です。これによって、政府の思惑どおりに、地上デジタル放送対応テレビへの買い換えが一気に進みました。未来のベーシック・インカムを考えている人間から見れば、これも大がかりな社会実験だったでしょう。小さな国ならともかく、日本ほどの経済大国であのような現象が起きたのは、きわめて興味深いことなのです。

そういう世界における「先進性」に、日本人は無自覚でした。終戦から数十年間、ひたすら欧米先進国にキャッチアップすることを考えてきたので、「日本は遅れている」という発想が深く根づいてしまっているのかもしれません。

しかしそういう立場に自覚的になれば、すでに始まりつつある第四次産業革命に対しても、その原動力であるエクスポネンシャルな技術進化に対しても、意識の持ち方が変わるのではないでしょうか。シンギュラリティ大学が教えるような思考法や問題意識にも、より積極的な関心を向けるようになるはずです。今後はもっと日本がシンギュラリティ大学に大きく関与し、人類の未来に向けてさらに重要な役割を果たすようになってほしいと思います。

第七章

シンギュラリティ後をどう生きるか

シンギュラリティを前提にしない努力や工夫は無駄になる

小学三年生の息子が、学校でこんな作文を書いたことがあります。

「未来の自分」
ぼくのおとうさんは、しょうらい人工知のうがすべての勉強をやってくれるから、人間は勉強をしなくてよくなるといいます。でも、いまはみんなが宿題をやっているのでぼくは宿題をやります。

もしかしたら担任の先生には、「父親のくせに何ということを……」と呆《あき》れられてしまったかもしれません。でも私としては思っていることを正直に伝えただけなので後悔も反省もありませんし、息子は息子で小学生のわりには立派な見識を持っていてくれて安心しました。「しょうらい」どうなるかということと、「いま」何をすべきかということは、まったく別の問題です。

私はこの本でも、将来の世界がどうなるかを示し、それに備えていまの私たちが何を考えるべきなのかを述べてきました。

シンギュラリティ大学の「グローバル・グランド・チャレンジ」を見てもわかるとおり、私たち人類には解決すべき「宿題」がいくつもあります。解決した先にはユートピアが待っており、本当に人間が何もしなくてもよい社会になっているかもしれませんが、それを築くのは人間の努力と工夫にほかなりません。

とはいえ、「人工知能がすべてやってくれる社会」が人類にとって本当にユートピアといえるのかどうか、やはり疑問を抱く人は多いと思います。それが人間にとってのディストピアになるのだとしたら、そのための努力や工夫を重ねる気にはなれません。

カーツワイルの予言する二〇四五年に本当にシンギュラリティが起きた場合、この世界がどんなものになるのかは、わからない。それは本書のはじめのほうでもいいました。しかし、少なくともＡＩが人間を超えるプレ・シンギュラリティの到来は確実ですし、テクノロジーのエクスポネンシャルな進化が止まらないのも間違いないので、それを前提に生き方を考え直さなければいけないというのが、この本のスタート地点です。

逆にいうと、それを前提にしない努力や工夫は無駄になる可能性があります。世界は確実に大きな革命に見舞われるのに、いままでと同じスタイルを踏襲して、既得権を維持するための努力を続けても仕方がありません。将来の変化に備えるためには、目の前の利益を多少なりとも犠牲にせざるを得ないこともあります。

何が起こるかわからない世界だからこそ、見てみたい

否応なしに起きる革命に備えて行動を起こすというのは、どこか消極的で受け身の印象を持ってしまう人もいるでしょう。でも私は、最終的に何が起こるかわからないからこそ面白いと思いますし、ソフトバンクの孫正義氏と同様、シンギュラリティを「見てみたい」と思います。

地球上の生命は、四〇億年かけて進化を続けてきました。ダーウィンの進化論によれば、そこに「目的」はありません。よく「キリンの首は高い木の枝を食べるために長く進化した」といわれますが、これは不正確な説明です。たまたま突然変異で長い首を持って生まれてしまった個体が、周囲の環境に適応した（おそらく高い木があったのでし

ょう）から生き残り、子孫に自分の遺伝子を継承することもできた。それが基本的な生物進化のメカニズムだと考えられています。

ヒトという生物も、そういうプロセスで生まれました。これからさらに進化するとしても、そこに「こうあるべき」という目的は必要ありません。結果的に環境に適応した者が生き残り、繁栄していきます。

人類の場合、その「環境」は自然環境だけではなく、自らつくり出したテクノロジーもそこに加わりました。人工知能やロボットが人間から仕事を奪うのだとしたら、それは新たな天敵が登場したようなもの。どんな生物の進化にもあった「環境の変化」です。その自ら生み出した環境変化に人類がどのように適応し、新たな進化を遂げていくのか。私はそれを見たいと思います。

そもそも、現在の人類がテクノロジーという環境に完全に適応しているかといえば、決してそんなことはありません。たとえば、自動車。このテクノロジーを人間が完璧に使いこなせているとはいえません。日本国内の交通事故死は一時よりかなり減りましたが、米国ではいまでも毎年三万人もの人々が自動車事故で亡くなっている。日本でも年間四〇〇〇人以上が亡くなっています。人類が生み出した最大の殺人マシーンとさえ呼べるのが自動車です。

もし、その自動車が人間の手を離れてすべて自動運転車に置き換わり、人工知能の制御によって交通事故死がほぼゼロになったとしたら、それはテクノロジーの進化であると同時に、人類の進化ともいえるのではないでしょうか。そう考えると、運転士という職業が機械に奪われるのは敗北でも何でもありません。

不老不死を目指すような医療テクノロジーはどうでしょう。最近の老化に関する論文は、実験で動物の寿命を二〇〜四〇%も長くできたといった成果であふれています。免疫抑制剤のラパマイシンや、がん抑制効果もある糖尿病治療薬のメトホルミンなどの老化防止能力も注目され、学会もその可能性を認めました。それ以外にも、血液を若返らせる方法や、高齢のマウスから老化細胞を除去して寿命を延ばす研究などが行われています。

そんなテクノロジーの進化は、人間の「死」をめぐる議論を活発化しました。「寿命の延長は人類にとって良いことなのか」「死なない人間は人間といえるのだろうか？」

といった疑問が投げかけられるようになったのです。

たしかに、「生」と「死」は表裏一体なので、「死なない人間」は生きているのかどうかわからない、という気がしなくもありません。しかし、これまで医療技術の進歩によって成し遂げてきた寿命の延長に、どこかでストップをかける理由もなかなか見当たりません。

そう簡単には答えの出ない問題ですが、現在の常識的な感覚だけで判断を下すべきではないのかもしれません。仮に寿命を何百年にも延ばすテクノロジーが実現し、人間が不老不死に近づいたとしたら、その環境変化によって「人間性」という概念そのものが進化している可能性もあります。そのときの生死をめぐる議論は、現在とはまったく違うパラダイムで展開されているのではないでしょうか。

「東京二〇二〇」は大きなメルクマール

いずれにしろ、テクノロジー進化によって人間や社会のパラダイムがどう変化するかは、これから数年のあいだにかなり見えてくると思います。その中で、私たち自身の進化の方向性も、何らかの輪郭を持ち始めるかもしれません。

その意味で、東京オリンピック・パラリンピックが開催される二〇二〇年は、日本人と日本社会にとって、ひとつの大きなメルクマールになります。世界最大のスポーツの祭典は、「テクノロジーの祭典」にもなるからです。

たとえば、外国からの旅行客に対応するために募集している通訳ボランティアは、二〇二〇年には不要になっているかもしれません。ＡＩの翻訳能力や会話能力が格段に向上すれば、スマートフォンやイヤホン型デバイスなどを介して、誰でも外国人とコミュニケーションできるようになるからです。

また、テレビやメディアの中継技術もこれまでのオリンピックとは様変わりするのではないでしょうか。会場から遠く離れた場所でも、バーチャル・リアリティによって競技を体感できるようになるかもしれません。それも、ただスタンドから観戦するのとは違います。三六〇度カメラなどを駆使することによって、あたかも自分がウサイン・ボルトと一緒にトラックを走っているかのような気分になれるのです。サッカーなら、ゴールキーパー目線で試合を体験することもできるでしょう。視覚や聴覚だけでなく、触覚、嗅覚、味覚などあらゆる感覚が「リアル」になる可能性もあります。

私が経営に関わるベンチャーのSpectee社は、ディープラーニングによる画像認識を使い、インターネット上の膨大な投稿から人が検索するよりはるかに速く最新ニュースを探し出し、報道機関向けに提供するサービスを行っています。みなさんが見ているテレビの事件・事故のニュース映像は、実はAIがネット上の膨大な情報から探し出してきているものが多くなっています。オリンピックではスマートフォンを持ったすべての人がメディアとして活躍することでしょう。

もうひとつ、オリンピックの風景を一変させる可能性を持っているのは、ドローンです。二〇一八年に「みちびき」という準天頂衛星が稼働するようになれば、自律飛行型のドローンが都市の上空を飛び回るようになるはずです。

ドローンは、まさにいま「潜行」の段階を終えて「破壊」の局面を迎えようとしています。価格は九カ月ごとに半額になるペースで下がっているといわれていますし、小型化も進みました。あとはバッテリーの問題が解決すれば、一気に進化のカーブが上昇します。それを見据えて世界中のベンチャー企業もいっせいに動き始めました。これも私が経営に関わるベンチャー企業ですが、自律飛行型ドローンで太平洋を横断する物流ネットワークを構築しようと考えています。

大量の小型ドローンを群制御し自律飛行できるようになれば、それをオリンピックの開会式や閉会式で使わない手はありません。ドローン同士がお互いの位置をセンサーで認識するので、編隊飛行が可能です。自律飛行型は、数百台、数千台のドローンが、イワシの群れのように編隊飛行しながら、陣形をさまざまに変えて空中に絵を描く。そんな演出を考えているクリエーターは、すでにいるだろうと思います。

それ以外にも、多くの新しいテクノロジーが、二〇二〇年のオリンピック・パラリンピックを彩り、世界を驚かせるに違いありません。一九六四年の東京オリンピックは戦後日本の復興の象徴といわれましたが、今回は「第四次産業革命」を象徴し、シンギュラリティを予感させる歴史的なイベントになるわけです。

このタイミングでオリンピック・パラリンピックの開催国になったことは、日本にとって幸運なことだといえます。これをきっかけに、日本社会にエクスポネンシャル思考が根づき、シンギュラリティに向けた態勢が整うことを願ってやみません。

対談　AIと人間、これからどうなる？

——中島秀之×齋藤和紀

中島秀之（なかしまひでゆき）
人工知能研究者。一九五二年、兵庫県西宮生まれ。八三年、東京大学大学院情報工学専門課程修了、工学博士。同年電子技術総合研究所に入所。産業技術総合研究所サイバーアシスト研究センター長、公立はこだて未来大学学長等を歴任。二〇一六年、東京大学大学院情報理工学系研究科先端人工知能学教育寄付講座の特任教授に就任。トヨタ、ドワンゴ、オムロン、パナソニック、野村総研、ディー・エヌ・エー、みずほフィナンシャルグループ、三菱重工業の八社から寄付を受け、教育と研究にあたる。

人工知能たる肝は「不完全な情報の下で適当にやる能力」

齋藤　私はこの本で、レイ・カーツワイルの予測するシンギュラリティに向けて、人々の生活がどのように変わるかを論じました。シンギュラリティが本当に到来するかどうかはともかく、今後もテクノロジーがエクスポネンシャルに進化していくことは間違いありません。その中では当然、中島先生が専門に研究しておられる人工知能が大きな役割を果たすでしょう。世間でも、「アルファ碁」や機械翻訳の進歩などによって、人工知能が注目されるようになりました。

しかし、人工知能とは何なのかが広く理解されているとはいえませんよね。たとえば身近なところでは、人間と会話ができるｉＰｈｏｎｅの「Ｓｉｒｉ」や、冷蔵庫の温度調節を自動的にやってくれるエコナビ（省電力学習）機能などが、人工知能と呼べるのかどうか。そもそも、コンピュータと人工知能の違いがよくわからない人も多いでしょう。先生がお考えになる人工知能の定義はどんなものでしょうか。

中島　いちばん素っ気ない答えは「人工的につくられた知能を持つ実体」でしょうが、これでは何のことかわかりませんよね（笑）。できあがった実体に「知能」があるかどうかも、なかなか難しい問題です。ただし研究分野としては、「人間の知能を機械に真似させる」ことを目的としているのは間違いありません。ですから、ＳｉｒｉやエコナビがSiri「人工知能か否か」は簡単に答えられませんが、それが人間の知能と近いかどうかは判断できる。Ｓｉｒｉは言葉を理解してしゃべるのでかなり近いといえますが、冷蔵庫のエコナビはかなり遠いでしょう。

齋藤　どの程度まで人間を真似られるかがポイントなんですね。

中島　それをもっとわかりやすく定義すると、「不完全な情報の下で適当にやる能力」ということになります。

齋藤　なるほど。そういわれると、コンピュータとの違いもわかるような気がします。コンピュータは完全な情報を与えればこちらの命令どおりに処理してくれますが、人工知能はそれ以上のことが求められる。

中島　Ｓｉｒｉは人間の言葉を相手にするので、情報が不完全なことが多いでしょう。ユーザーが言葉足らずでも、何とか意味を汲み取って適当に返事をしなければいけません。これはコンピュータに計算をさせるより難しいですよね。だから、人間の知能に近い。それに対して冷蔵庫のエコナビは、温度、湿度、飲食物の量など作業に必要な情報が完全に与えられています。こちらは「知能がない」といってもよいのではないでしょうか。

齋藤　ルンバのような自動掃除ロボットはどうですか？

中島　掃除機は、冷蔵庫よりもややこしくなりますね。以前、人工知能学会誌『人工知能』にＳＦ作家の新井《あらい》素子《もとこ》さんが「お片づけロボット」というショートショートを書かれたんですが、そこではロボットに「ゴミとは何か」を教えることの難しさが描かれていました。掃除とは、ゴミとゴミでない物を選り分けて整理整頓することですから、まずはその区別をつけられないといけない。そこで主人公は「A4以上のサイズの紙」は束ねて整頓し、それより小さい紙はゴミだと教えるんだけど、必要なレシートも捨てられてしまったりするわけです（笑）。

齋藤　実際、人間も捨てようかどうしようか迷うことが多いですからね。自分が何を基準にしているのかわからないのだから、人工知能にやらせるのは難しい。

中島　これは人工知能研究者のあいだで「フレーム問題」と呼ばれています。私たちにとって切実な難問を地で行くようなエピソードが描かれているので、とても面白い小説でした。ただし、いまのルンバのような自動掃除機はそこまで高級な判断はしていません。単に動き回って手当たり次第に吸い込むだけなので、人工知能の入口に立っているぐらいのレベルでしょうね。ぶつからずに歩き回ったりするのは、人間でいうと脊髄反射みたいなものですから。

「味方が敵に殺されないようにしろ」と命令したらロボットは？

齋藤　仮にカーツワイルのいうシンギュラリティが二〇四五年に起こるとして、それまでに人工知能が人間の知能を超えるために必要なブレークスルーはどんなことでしょう。

中島　まだまだたくさんありますが（笑）、もともと人工知能研究には大きく分けて二つの問題があるんですね。ひとつは記号処理。与えられた情報から推論を導く「知識表現」と呼ばれる能力です。もうひとつは、外界を認識する能力。「見る」「聞く」といった入力の問題です。この二つのうち、これまでは入力側がすごく弱かったんですよ。しかし数年前からディープラーニングによってそれが格段に向上しました。Ｓｉｒｉのような音声認識もそうですし、カメラの顔認識も精度が上がっています。松尾豊《まつおゆたか》君（東京大学特任准教授）は、これを「ＡＩに目がついた」と表現しましたけど。

齋藤　人工知能とウェブ工学を専門にされている方ですね。

中島　そうやって入力側が人間に近づいてきたので、全体を人間並みの知能にするには、やはり記号処理や知識表現の部分が向上しなければいけません。先ほどの「フレーム問題」は、厳然として立ちはだかっています。

齋藤　視覚や聴覚の情報が正しくインプットされても、正しく処理できないとダメ。

中島　たとえば部屋の明かりをつけるというのはかなり単純な行動ですが、スイッチを入れても点灯しないことがありますよね。停電かもしれないし、電球や蛍光灯が切れているのかもしれない。蛍光灯の場合、管自体が劣化していることもあれば、点灯管が古くなっていることもあるんですが、これは人間でも知らない人は多いでしょう。つまり、「部屋の明かりがつく」という単純なことでも、それを可能にする前提条件はたくさんあるわけですよ。それをすべて細かいところまで理解するのは難しい。

また、「スイッチを入れる」という行為の結果として何が起こるかも多様です。ふつうは「電灯がつく」だけですが、ヒューズが飛ぶこともあれば、感電することもある。人間の場合、前提条件も結果もあまり深く考えずにスイッチを入れるわけですが、それを人工知能のプログラムにやらせるのは容易ではありません。「ゴミか非ゴミか」もそうですが、教え始めたらキリがない。大まかには教えられても、判断に困る細かい境目がいろいろあって、どうしても例外が出てくるんです。

齋藤　なるほど、境目が曖昧だから「フレーム問題」というわけですね。

中島　SFの世界では、こんな話もありますよ。ロボットが上官に「味方の兵士が敵に殺されないようにしろ」と命令したら、ロボットが自分で味方を殺して「敵には殺させなかった」と（笑）。芥川賞（二〇一六年上半期）を受賞した村田沙耶香《むらたさやか》さんの『コンビニ人間』にも、「喧嘩《けんか》を止めろ」といわれた人がスコップで殴り倒して喧嘩を止める話がありましたから、ロボットだけの問題ではないかもしれませんけどね。いずれにしろ、「常識で考えろ」が通用しないのがフレーム問題の難しさです。

齋藤　それでもカーツワイルは、人工知能がその問題をクリアできると考えている？

中島　彼は、人間の思考能力がすべてコンピュータに乗るという前提で二〇四五年のシンギュラリティを語っているのでしょう。たしかに、人間の脳をすべてシミュレーションできるなら、フレーム問題は発生しません。脳の神経細胞と同じことを計算機でやらせれば、人間と同じ思考ができることになりますから。

しかし、ミリ秒単位の電位差で動いている脳の活動をどこまで精密にシミュレーションできるかは、やってみないとわかりません。いまはすべて仮定の話で進んでいるので、私はあまり信用していないんです。そういうレベルで二〇四五年にコンピュータが人間を超えるとは思っていない。人間と同じようなプログラムをつくるという意味では、フレーム問題をはじめとする推論や知識表現の問題を解決するほうが現実的に見えます。

いままでと同じテンポで物事が進むと思ってはいけない

齋藤　私は、シンギュラリティが来るかどうかは問題ではなく、そこに向かってテクノロジーが進化し、世界が変わることをみんなが知るべきだと考えています。

中島　そうですね。カーツワイルがいいたいのも、要は「いままでと同じテンポで物事が進むと思ってはいけない」ということでしょう。エクスポネンシャルに加速していくこと自体が重要で、それは明らかな事実です。コンピュータは一年半で倍の速度になっていますし、それ以外の技術進歩もどんどん加速している。これからの四〜五年で、世の中はガラッと変わると思いますよ。カリフォルニアの企業も変わり始めましたし、UberやAirbnbの登場で、シェアリング経済への移行が始まっています。ビジネスの世界も激変して、たとえばグーグルは数年後にはなくなっているかもしれません。次に何が来るかはわかりませんし、わかっていれば自分でやるんですが（笑）、別の新しい形態が出てきてグーグルは時代遅れになるだろうと。

齋藤　パソコン時代のプラットフォームは時代遅れになり、グーグルはモバイルコンピューティング時代のプラットフォームとして台頭したといえるかもしれません。しかし五年後にどんな機械が出てくるかわからないので、次の時代のプラットフォームがどうなるのかは本当にわかりませんよね。とはいえ、グーグルは人工知能の開発でもかなり進んでいます。それこそ「アルファ碁」でも世の中に大きな衝撃を与えました。

中島　われわれ研究者も、アルファ碁が勝つ直前まで、人工知能がプロ棋士に勝つのは「あと一〇年かかる」などといっていましたからね。その少し前までは「四〇年か五〇年かかる」と思っていたのですから、あの加速ぶりはすごいですよ。グーグル翻訳もそう。この時期にあそこまで精度の高いものが出てくるとは誰も予想していなかったでしょう。そういう大きな変化が、これから四〜五年で次々と起こるはずです。

齋藤　そのエクスポネンシャルな進化に日本もついていかなければならないと思いますが、人工知能研究への投資などは増えているのでしょうか。

中島　まだ止まっているような気がしますね。アルファ碁の話題以来、世の中は騒いでいますが、それを現実問題と考えて動き出している人が少なすぎます。カリフォルニアでは、IBM、マイクロソフト、グーグル、フェイスブック、アマゾンの五社が人工知能開発に関するアライアンス（協力体制）を組みましたが、日本にはそういう動きが全然ありません。本来ならその担い手になるはずの大手電機メーカーも動かない。企業がもっと変わる必要があると思いますよ。

齋藤　米国企業の変わり方は激しいですよね。

中島　企業の形態そのものが変わりますからね。たとえばIBMは、昔はパソコンを売るハードウェア屋さんでしたが、いまは完全にソリューション屋さんになりましたし、数年前からはAI屋さんになっています。そうやって事業内容が変われば、組織自体もかなり変わっているでしょう。グーグルにしても、アルファ碁がそうだったように、めぼしい関連企業を次々に買収して取り込んでいます。それを手放すのも早い。日本の大企業はなかなかそういう動きを見せません。

齋藤　ベンチャー的な小さい企業はどうですか。

中島　それなりに動いてはいますが、日本のベンチャーはユーザーを囲い込もうとする傾向がありますよね。スマートフォンにSIMロックをかけたり、電子書籍が自社デバイスひとつでしかダウンロードできなかったりするでしょ。複数のデバイスで共有できるほうが便利だから、ユーザーはどうしてもアマゾンのほうを選びますよ。

齋藤　そうやってオープンにすることで、それ自体は儲からなくても、周辺の環境をコントロールすることで莫大な利益を生むのがプラットフォーム事業の戦略です。

中島　グーグルは、Gメールを無料で使わせることで膨大なデータを手に入れました。グーグル翻訳の精度があそこまで上がったのも、そのデータ量が効いているからです。いまから日本企業があれに追いつこうとしても、おそらく無理でしょう。

「トップランナーひとり勝ち」世界で日本は戦えるか

齋藤　投資額だけを見ても、グーグル一社に日本全体が届いていないような気がします。だから世界に通用する新しいプラットフォームも提供できていない。いまは日本より中国のほうが進んでいますよね。ドローンも中国に先行されていますし。

中島　昔の技術は二番手が強かったんです。一番手は開発費もかかるし苦労も大きいので、二番手に真似をされるとあっという間に抜かれてしまいました。でも現在のIT関係は、トップランナーのひとり勝ちですよ。あとから真似しようと思っても、変化のスピードが速いから二番手は追いつけません。

齋藤　九〇年代までは、日本のコンピューティング技術は世界の中でもすごく進んでいたと思います。スパコンも、日本企業がランキングの上位を占めていました。ところが最近は、中国が一〜三位を独占しています。これから国策としては何をすべきでしょうか。

中島　やはりITにもっとお金を注ぎ込むべきでしょうね。いまは額が小さすぎるので、ヒトケタ増やすぐらいにしないと足りません。ちなみに、一九八二年に始まった第五世代コンピュータの予算は年間五〇億円でした。一〇年で五〇〇億円。それに対して、AI関係の二〇一七年度予算も五〇〇億円なんですね。AIと名のつくものをすべて合わせて、第五世代コンピュータというひとつのプロジェクトと同程度でしかありません。物価上昇を考えれば、むしろ減っていると考えたほうがいいでしょう。これで追いつけるわけがない、というのが正直なところです。

齋藤　今後はライバルとの差もエクスポネンシャルに広がっていきますからね。どうして日本はそんなことになってしまったのでしょうか。

中島　日本は新しいものになかなか飛びつきませんね。「アメリカで流行ってるから真似しよう」というマインドが昔から変わっていない。アメリカでＡＩが流行っているなら自分たちは違うことをやったほうが、未来はあると思いますが。

齋藤　たとえば自動運転車などは、センサー系の技術をはじめとして日本にアドバンテージがあるようにも思いますが、いかがですか。

中島　技術はあっても、社会的な理解が障壁になるのではないでしょうか。アメリカではテスラやグーグルカーがもう走り回っていますが、日本はまだ全然走っていませんよね。世間的に「機械が人を殺すようなことはあってはならない」という抵抗感が強いんですよ。技術的に「完全」はあり得ないんですけれど、一〇〇％安全でなければ許容されない。自動運転車も、一回でも事故が起きた時点で終わってしまうでしょう。だから研究開発する側も及び腰にならざるを得ないんです。

齋藤　人間が運転する自動車も多くの事故を起こしているのに、機械が人を殺すのは一件たりとも許さないという話になってしまうわけですね。

中島　リスク管理の発想が社会に根づいていないんです。いまでも交通事故で年間四〇〇〇人の死者が出ているわけですから、自動化によってそれが減れば良いはずですよね。しかし日本では、たとえ死者が三〇〇〇人になったとしても、「機械のおかげで一〇〇〇人も減った」とはいわれず、「機械が三〇〇〇人も殺した」という話になるでしょう。アメリカではテスラが死亡事故を起こしたときも、人間の運転より事故率が低いということで容認されたようです。

何でもできるAIよりは単機能AIのほうが便利

齋藤　話をAIに戻しますが、いわゆる「汎用人工知能」の定義はどのようなものになるのでしょうか。それができた瞬間に、すべてがそこに取り込まれていくのではないかと思うのですが。

中島　簡単にいえば、「何でもできる人工知能」ですよね。囲碁しかできないアルファ碁や、音声認識しかできないSiriなどとはまったく違う。アルファ碁のような人工知能は使うアルゴリズムが固定されているのに対して、汎用的な人工知能は問題ごとに「どのアルゴリズムを使えばよいか」というところから自分で判断しなければなりません。単に推論するだけでなく、推論の方法を推論する。いわゆる「メタ推論」の世界ですから、はるかに難しくなります。

齋藤　仮にそういう汎用人工知能ができた場合、それはどういうものなのでしょうか。一般的には、鉄腕アトムやドラえもんのようなものを想像しがちですよね。でも機械と人間の脳は同じではないので、ずいぶん違う形になりそうな気もするのですが。あるいは、人間と人工知能の境目が曖昧になって、区別がつかなくなるのか。

中島　汎用人工知能の研究者は「人間みたいなもの」を目指しているのだと思います。ただ実用性を考えると、汎用ではないほうがいいでしょう。道具としては、「囲碁はこれ」「音声認識はそれ」という具合に単機能のものを使い分けたほうが便利だと思います。人間が不得意なことだけやってもらえばいいわけですからね。自分たちが得意なことに関しては、べつに機械は必要ありません。もちろん汎用人工知能も、研究テーマとしてはチャレンジしがいのある分野ですよ。先ほどの全脳シミュレーションのようなものも、これからどんどん研究が進むとは思います。

齋藤　汎用人工知能ができた場合、人間の脳とダイレクトにつながることもあり得るのでしょうか。

中島　それは当然、つながるでしょうね。BMI（ブレーン・マシン・インターフェース）を研究している人たちはいますから。その使い途《みち》としていちばん重要なのは、身体が不自由な人たちの意思表示でしょう。たとえばスティーブン・ホーキング博士はいま、かなり苦労しながらキーボードをタイプしていますが、いずれ頭で考えただけで自動的にアウトプットできるようになるだろうと思います。

齋藤　サイボーグのように、いまの人間には見えないものが見えるようになることも？

中島　たとえば人間の皮膚の微妙な動きを拡大して見たり、血流の状態を赤外線で見たりすることによって、いまの人間よりも深いところまで相手の感情を読み取ることも可能になっています。「こいつはいま、血圧が上がってるぞ」とか（笑）。ちょっと怖いといえば怖い世界ですが。すでに電話の苦情受付サービスでは、相手の音声を分析してストレスの強さなどを測り、「この人はもうじきキレるから注意せよ」と警告を出すプログラムも実用化されていますからね。

ロボットが生存本能を身につけたらどうなるか

齋藤　そういう能力が高まっていくと、人間と人工知能の区別がつかなくなるのかもしれませんね。

中島　メタ推論までできる汎用人工知能はそうかもしれません。しかし現在の単機能の人工知能は、人間が与えた仕事しかしないので、人間とはずいぶん違います。人間が与えたゴールに向かって進むだけで、そのゴールを疑ったり、自分でゴールを変えたりはしない。それができるようになると、映画の『ターミネーター』でスカイネットが「人類は抹殺したほうがよい」と勝手にゴールを設定したように、プログラム自体が悪意を持つこともあり得ます。いまは、悪意を持った人がプログラムを使うことはあっても、悪意を持つプログラムをつくることはできません。

齋藤　メタ推論のできる汎用人工知能になると、政治的な判断なども可能になる？

中島　そうでしょうね。ロボットや人工知能が「自分の生活」を持つようになると、それも必要になるかもしれません。いまのところ、ロボットには生活がない。

齋藤　自分の生存本能に基づいて行動していないということですね。

中島　そうそう。われわれ人間は、何かのゴールのためだけに行動しているわけではなくて、「生活」しているんですよ。そこが、明確な目的の下でのみ動く人工知能とは大きく違います。だから、どれだけ人工知能が賢くなっても、生活体験に根ざす小説のようなものはうまく書けないでしょうね。人間の心に響くような表現は難しい。しかし今後は、ロボットを生活させるべきかどうかを考えておいたほうがいいかもしれません。

齋藤　するとロボットが感情を持つようになるわけで、それが人間に読み取れればコントロールできるでしょうが、「このロボットは何を考えているかわからない」という状態になると、コントロール不能になるような気がします。

中島　たぶん、最初はＡＩＢＯの進化版みたいなものから始まるのだと思います。ペットのロボットが、それぞれ個性を持って育っていく。

齋藤　人間は、ＡＩＢＯのようにプログラムされたロボットでも、ああいう姿形をしていると「何を考えているのだろう」と感情を見出そうとしますよね（笑）。ルンバも

「飼ってる」とか「家にいる」などといいますし。

中島　感情移入は人間特有のすごい能力なんですよね。そこまで人工知能のプログラムに入れられるかどうか。

もうひとつ、人間には物事に「因果関係」を見出す能力があるんです。原因と結果の関係は、客観的な自然界の中にあるのではなくて、人間の側にあるというのが私の結論なんですよ。たとえば株価が上がったり下がったりするのはきわめて複雑な現象で、たくさんの要素がからまり合っているわけですが、人間はそこに何らかの理路整然とした因果関係を見出そうとする。これは、生存本能があるからだと思います。複雑怪奇な世の中に因果関係を見出す能力がないと、生き残ることができない。進化論的にいうと、因果関係を見出す能力のない個体は淘汰《とうた》されたのではないでしょうか。

齋藤　なるほど。ロボットが生存本能を身につけると、生物と同じように自然に進化していくのかもしれませんね。最後に、人工知能が人間の仕事を奪う可能性についてはどうお考えですか。いまはそれを脅威として受け止めている人が多いのですが。

中島　たしかに知的労働の多くは、単純な作業から順番に置き換わっていくでしょうが、みなさん、そんなに労働したいんですかね（笑）。働かずに生活できるならそのほうがいいと私は思っていますけど。もちろん、失業して暮らせなくなるのは困るので、そこは早めに手を打たなければいけませんよ。しかし機械に置き換わるとコストが下がるか生産性が上がるかのどちらかなので、社会全体としては歓迎すべきことでしょう。困るのは、それによって生まれた豊かさを一部の人間だけが占有すること。

齋藤　そうですよね。富の再分配システムが問題になると思います。

中島　いまでも税金を集めて社会保障に回すシステムがあるわけですから、それは可能でしょう。いわゆるベーシック・インカムも、全員に一律に与えるというと違和感を抱く人が少なくないのですが、累進課税の延長線上で考えればいい。高収入の人ほど多く課税されるなら、低収入の人は「マイナスの課税」をされるのだと思えばいいんです。

齋藤　たしかに、そうですね。いずれにしろ、人工知能の進化が社会全体のシステムや私たちの生活を大きく変えるのは間違いなさそうです。どうもありがとうございました。

おわりに

私がシンギュラリティ大学のエグゼクティブ・プログラムに参加したのは二〇一五年の五月でした。

私は、シリコンバレーの企業と仕事をする機会が多く、何かすごいことが起きていると漠然とはわかっていたのですが、その実体が何なのかを、具体的には理解できていませんでした。

それならば、黒船に乗り込もうとした吉田松陰の気持ちで、最も進んでいる場所に行ってみよう、そう思い立ったのが、シンギュラリティ大学にアプリケーションを送ったきっかけでした。アプリケーションを送ったのは、シリコンバレーから日本に帰る飛行機の中でした。

プログラムを修了し、二〇一五年の半ばに有志数人でエクスポネンシャル・ジャパンというコミュニティを立ち上げたとき、シンギュラリティという言葉は、日本でもごく一部の人しか知らない状態でした。ましてやエクスポネンシャルという言葉を使っている人は、ほとんどいませんでした。

しかし、二〇一六年後半、第四次産業革命という言葉が使われ始めたのと同じ時期でしょうか、いろいろなところでシンギュラリティという言葉を耳にするようになり、この言葉が急速に広まっているのを感じます。

本書でお話ししてきたエクスポネンシャルな考え方でいえば、まさに「潜行」から「破壊」に差しかかった段階なのかもしれません。これから先、日本社会は大きな変革をものすごいスピードで経験していくはずです。

シンギュラリティ大学は、世界中から集まったエグゼクティブやトップレベルの人材に対して、世界を変える意識を植え込もうとしています。日本とシンギュラリティ大学の関わりはまだ薄いですが、日本のトップレベルの人たちも、これまでにレベルの高いトレーニングを受けてきており、シンギュラリティ大学に集まる人々にけっして引けをとりません。それならば、もっと多くの、次世代を担うリーダーたちに、エクスポネンシャル思考で人類の課題を解決するというモチベーションを持ってほしい、それが、私が私自身とエクスポネンシャル・ジャパンに課した使命です。

「人が想像できることは、必ず実現できることである」といったのは、フランスのSF作家ジュール・ベルヌとされています。

タイムマシンが本当に実現可能か、それはわかりませんが、少なくとも、シンギュラリティ、そしてその前に起こるプレ・シンギュラリティは、もうすでに見えてきています。私自身は、シンギュラリティは人類の力で起こせると考えています。ただしまだ膨大なコストがかかる。大量の発電設備をつくり、大量の自立型ロボットとスーパーコンピュータをつくる。それには、おそらく人類の富をかき集めて、さらに一〇〇〇倍くらいのレバレッジをかける必要があるでしょう。しかし、そのコストもエクスポネンシャルに下がっていっています。

世界中がそれを見据えた動きを開始しているとき、私たち日本人だけが「このままでよい」と考えているわけにはいきません。シンギュラリティを恐れるのでなく、自らの手で起こす気概を持って進んでいけば、いま目前にある多くの難題は、私たちが想像しているよりもはるかに早く雲散霧消し、解決されていくと考えています。

本書を執筆するにあたり、東京大学大学院情報理工学系研究科・中島秀之特任教授、同ジョバン・レボレド特任研究員、中山国際法律事務所・中山達樹弁護士、シンギュラリティ大学東京チャプターの皆様、幻冬舎の小木田順子さん、ライターの岡田仁志さんにお世話になりました。最後になりましたが、この場を借りてお礼申し上げます。

特に中島先生は、本書の対談にもご登場くださり、誠にありがとうございました。そして、本書執筆の時間を捻出するのに協力してくれた家族にも、心から感謝します。

齋藤和紀

二〇一七年五月

参考文献

【書籍】

『ポスト・ヒューマン誕生――コンピュータが人類の知性を超えるとき』レイ・カーツワイル著　井上健／小野木明恵／野中香方子／福田実訳　二〇〇七年　NHK出版

『シンギュラリティは近い［エッセンス版］――人類が生命を超越するとき』レイ・カーツワイル著　NHK出版編　二〇一六年

『エクサスケールの衝撃――次世代スーパーコンピュータが壮大な世界の扉を開く』齊藤元章著　PHP研究所　二〇一四年

『エクサスケールの衝撃』抜粋版　プレ・シンギュラリティ――人工知能とスパコンによる社会的特異点が迫る』齊藤元章著　PHP研究所　二〇一六年

『楽観主義者の未来予測――テクノロジーの爆発的進化が世界を豊かにする』上・下　ピーター・H・ディアマンディス／スティーヴン・コトラー著　熊谷玲美訳　早川書房　二〇一四年

『ボールド　突き抜ける力――超ド級の成長と富を手に入れ、世界を変える方法』ピーター・H・ディアマンディス／スティーブン・コトラー著　土方奈美訳　日経BP社　二〇一五年

『シンギュラリティ大学が教える飛躍する方法――ビジネスを指数関数的に急成長させる』サリム・イスマイル／マイケル・S・マローン&ユーリ・ファン・ギースト著　小林啓倫訳　日経BP社　二〇一五年

『フューチャー・クライム――サイバー犯罪からの完全防衛マニュアル』マーク・グッドマン著　松浦俊輔訳　青土社　二〇一六年

〔ウェブサイトSingularity Hubより〕

https://singularityhub.com/2016/04/19/ray-kurzweil-predicts-three-technologies-will-define-our-future/ by Sveta Mcshane and Jason Dorrier

https://singularityhub.com/2016/02/14/denying-death-is-radically-longer-life-good-for-society/ by Shelly Fan

https://singularityhub.com/2015/09/08/gene-editing-is-now-cheap-and-easy-and-no-one-is-prepared-for-the-consequences/ by Vivek Wadhwa

https://singularityhub.com/2015/07/20/we-need-a-new-version-of-capitalism-for-the-jobless-future/ by Vivek Wadhwa

https://singularityhub.com/2015/07/07/its-no-myth-robots-and-artificial-intelligence-will-erase-jobs-in-nearly-every-industry/ by Vivek Wadhwa

〔論文〕

"Transmission of Information by Extraterrestrial Civilizations" Kardashev, N.S. Soviet Astronomy, Vol.8 1964

著者略歴

齋藤和紀《さいとうかずのり》

一九七四年生まれ。
早稲田大学人間科学部卒、同大学院ファイナンス研究科修了。
シンギュラリティ大学エグゼクティブプログラム修了。二〇一七年、
シンギュラリティ大学グローバルインパクトチャレンジ・オーガーナイザー。
金融庁職員、石油化学メーカーの経理部長を経た後、ベンチャー業界へ。
シリコンバレーの投資家・大企業からの資金調達をリードするなど、
成長期にあるベンチャーや過渡期にある企業を
財務経理のスペシャリストとして支える。
エクスポネンシャル・ジャパン共同代表、
Spectee社CFO、iROBOTICS社CFO、ExOコンサルタント。

幻冬舎新書 456

シンギュラリティ・ビジネス

AI時代に勝ち残る企業と人の条件

二〇一七年五月 三十 日 第一刷発行
二〇一八年十一月二十日 第五刷発行

著者 齋藤和紀
発行人 見城 徹
編集人 志儀保博

発行所 株式会社 幻冬舎
〒一五一-〇〇五一 東京都渋谷区千駄ヶ谷四-九-七
電話 〇三-五四一一-六二一一（編集）
〇三-五四一一-六二二二（営業）
振替 〇〇一二〇-八-七六七六四三

ブックデザイン 鈴木成一デザイン室
印刷・製本所 中央精版印刷株式会社

Printed in Japan ISBN978-4-344-98457-8 C0295
さ-18-1
幻冬舎ホームページアドレス http://www.gentosha.co.jp/
＊この本に関するご意見・ご感想をメールでお寄せいただく場合は、comment@gentosha.co.jp まで。

GENTOSHA

イケダハヤト
まだ東京で消耗してるの？
環境を変えるだけで人生はうまくいく

東京を捨て、高知県の限界集落に移住しただけで「生活コストが劇的に下がり」「子育てが容易になり」「年収も上がった」と語る著者。地方出身者も知らない、地方移住の魅力が分かる一冊。

小原祥嵩
ミャンマー経済で儲ける5つの真実
市場・資源・人材

人件費は、中国の5分の1。今、中国に代わる生産拠点として世界中の企業が殺到するミャンマー。未来の消費市場としての期待も熱い。現地コンサルタントが実地で摑んだ本音の情報を伝授。

竹内健
世界で勝負する仕事術
最先端ITに挑むエンジニアの激走記

半導体ビジネスは毎日が世界一決定戦。世界中のライバルと鎬を削るのが当たり前の世界で働き続けるとはどういうことなのか？　フラッシュメモリ研究で世界的に知られるエンジニアによる、元気の湧く仕事論。

島田裕巳　中田考
世界はこのままイスラーム化するのか

なぜ今、キリスト教が衰退の兆しを見せ、イスラームの存在感が増しているのか？　テロや紛争、移民問題に苦悩しつつも、先進国が魅せられる理由とは。比較宗教学者と屈指のイスラーム学者が激突！

幻冬舎新書

大久保伸隆
バイトを大事にする飲食店は必ず繁盛する
リピーター獲得論

飲食業界が採用不況の中、なぜ「塚田農場」にだけ人が集まるのか？　錦糸町店の店長として4年連続年商2億円を達成、客のリピート率6割の奇跡を作り出した若きカリスマのマネジメント論。

深沢真太郎
数学的コミュニケーション入門
「なるほど」と言わせる数字・論理・話し方

仕事の成果を上げたいなら数学的に話しなさい！　定量化、グラフ作成、プレゼンのシナリオづくりなど、「数字」と「論理」を戦略的に使った「数学的コミュニケーション」のノウハウをわかりやすく解説。

佐々木閑　大栗博司
真理の探究
仏教と宇宙物理学の対話

仏教と宇宙物理学。アプローチこそ違うが、真理を求めて両者が到達したのは、「人生に生きる意味はない」という結論だった！　当代一流の仏教学者と物理学者が縦横無尽に語り尽くす、この世界の真実。

佐藤康光
長考力
1000手先を読む技術

一流棋士はなぜ、長時間にわたって集中力を保ち、深く思考し続けることができるのか。直感力や判断力の源となる「大局観」とは何か。異端の棋士が初めて記す、「深く読む」極意。

幻冬舎新書

近藤勝重
必ず書ける「3つが基本」の文章術

文章を簡単に書くコツは「3つ」を意識すること。これだけで短時間のうちに他人が唸る内容に仕上げることができる。本書では今すぐ役立つ「3つ」を伝授。名コラムニストがおくる最強文章術！

出口治明
人生を面白くする
本物の教養

教養とは人生を面白くするツールであり、ビジネス社会を生き抜くための最強の武器である。読書・人との出会い・旅・語学・情報収集・思考法等々、ビジネス界きっての教養人が明かす知的生産の全方法。

桜井章一　藤田晋
運を支配する

勝負に必要なのは、運をものにする思考法や習慣である。20年間無敗の雀鬼・桜井氏と、「麻雀最強位」タイトルホルダーの藤田氏が自らの体験をもとに実践的な運のつかみ方を指南。

中野雅至
日本資本主義の正体

いまや資本主義は、低成長とパイの奪い合い、格差拡大という三つの矛盾を抱え、完全に行き詰った。日本資本主義の特殊性を謎解きし、搾取の構造から抜け出す方法を提示する。

森博嗣
孤独の価値
人はなぜ孤独を怖れるか。寂しいからだと言うが、結局つながりを求めすぎ「絆の肥満」ではないのか。本当に寂しさは悪か。――もう寂しくない。孤独を無上の発見と歓びに変える画期的人生論。

伊藤真
説得力ある伝え方
口下手がハンデでなくなる68の知恵
相手を言い負かすのではなく、納得した相手に自発的に態度や行動を変えてもらうのが「説得する」ということ。カリスマ塾長・経営者・弁護士として多くの人の心を動かしてきた著者がその極意を伝授。

小谷太郎
理系あるある
「ナンバープレートの4桁が素数だと嬉しい」「花火を見れば炎色反応について語りだす」……。理系の人特有の行動や習性を蒐集し、その背後の科学的論理を解説。理系の人への親しみが増す一冊。

菊間ひろみ
英語を学ぶのは40歳からがいい
3つの習慣で力がつく驚異の勉強法
やるべきことの優先順位も明確な40歳は英語に対する「切実な想い」「集中力」が高く、英会話に不可欠な社会経験も豊富なため、コツさえつかんで勉強すれば英語力はぐいぐい伸びる！